蕭欽著

容止齋文集

蔡鼎新

文史哲出版社印行

國家圖書館出版品預行編目資料

容止齋文集 / 蕭欽著. -- 初版. -- 臺北市：
文史哲, 民 102.03
面；公分（文學叢刊；285）
ISBN 978-986-314-102-0（平裝）

1.言論集

078 102005969

文學叢刊 285

容止齋文集

著　者：蕭　欽
出 版 者：文史哲出版社
http:// www.lapen.com.tw
e-mail:lapen@ms74.hinet.net
登記證字號：行政院新聞局版臺業字五三三七號
發 行 人：彭正雄
發 行 所：文史哲出版社
印 刷 者：文史哲出版社
臺北市羅斯福路一段七十二巷四號
郵政劃撥帳號：一六一八〇一七五
電話886-2-23511028・傳真886-2-23965656

定價新臺幣四五〇元

中華民國一〇二年（2013）五月初版
中華民國一〇二年（2013）九月再版

ISBN 978-986-314-102-0　　08285

大舜云詩言志歌永言
要語不析義已明之以
在心為志發言為詩

于右任

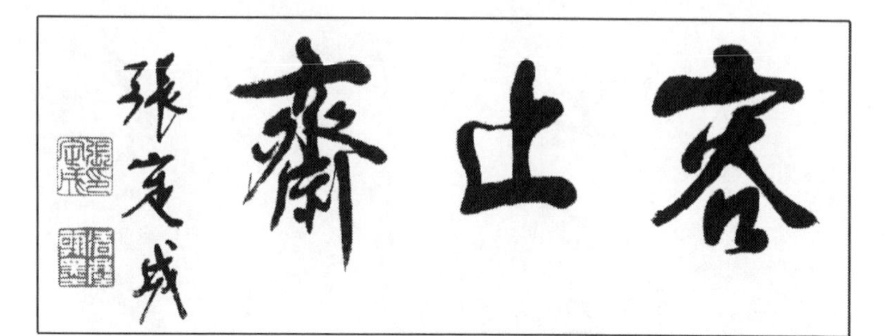
容止齋
張定成

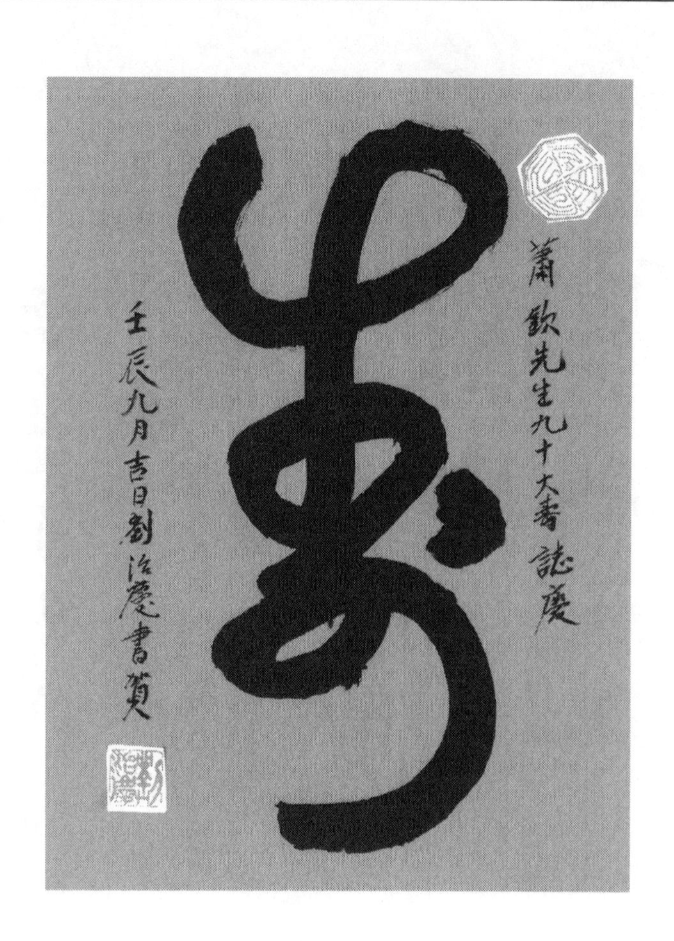
蕭欽先生九十大壽誌慶
壽
壬辰九月吉日劉治慶書賀

蔡序

山川瑰奇，鍾毓漫衍，觀夫衡嶽鍾湘鄂之靈，洞庭跨兩湖之勝，聚秀流徽，代出才賢，光於史冊，地靈而人傑也。語云：惟楚有材，湘爲最焉，湖北蕭氏爲鄂南望族，蕭欽先生幼承庭訓，敦詩禮而篤敬，好吟咏，若天成，自髫齡而來，駸涵泳於經書、古文辭、詩學中，年未冠，已能擷菁爲文，纂牋成吟，老儒所許。逢抗戰勝利，憤烽烟又起，投筆從戎，側身於整軍經保民安之憲兵行列中，嗣經特考致任，從政歷總統府而監察院，自科祕而簡任編纂專門委員，以詩文聯聞於殿堂，以是筆墨之勞與聲華並起，代庖之作，擅藻采之長，所爲壽賀、誄祭之文，与夫序跋銘記兩代人物、名公鉅卿、勳績事略、躍其筆下、或頌天保九如、或揚潛德幽光、百餘篇文賅敘詳湛、稱淵識、其詩善於用事、充滿情性、識見溢於篇什、意境出於自然、計有萬里征程、解甲從政、致仕淨修、酬答慶賀四大類、都六百餘首、可謂夥矣、其秀氣靈襟自成氣象、非淺俗所能窺其涯際也、格帖方面、為數不鮮、屬對和協、聲韻流暢、餘事也、重在含義深遠、而有啟迪鼓勵之功能、蕭君之作、類皆如是、可喜也、茲和其詩文聯為一集問世、讀其集者、將一舉而獲三利焉、民國九十九年庚寅夏書

曉學齋主蔡新發 時年九十有一

張序

鄂之陽新縣，余識兩人焉。一為當代駢文泰斗成公惕軒先生，乃私塾出身，獨學篤行，自修法政財經諸學，而獲高考及第，由胥吏而委、薦、簡而繼升特任，歷四屆考試院考試委員，並主持國家考試之文哲組，不肖累蒙擢拔，得參與高闈之命題閱卷而兼膺典試委員。及公殁後一年，余亦於七十五年蒙層峯提名，經國會同意，而忝膺第八屆考試委員，並主持文哲組，凡所經歷，大抵與公雷同，惟才識自慚遠甚，私竊以師事之，然不得立程門一回也。

一萧昔任陽新縣公同鄉會理事長之蕭欽先生，早年于投憲兵，於民國四十五年入憲兵學校專修學生班五期受訓，時余任國文講席，得觀其課業及所為吟詠，乃知其幼入私塾，讀畢四書五經，於詩古文辭已有根柢，又好書法，於四體書均有臨摹，因特寄以厚望！故自離校以至由軍轉政，並一度共事，相處十年，直至簡任退休，嗣又從余入中華學術院詩學研究所，以昌明詩學為職志，相識五十餘年，每晤言一室，或騷壇聯吟，從不改嚮日所習稱，此則年相若，道相若，余愧不敢以師自居也。

陽新縣，始置於三國吳，隋改曰永興，明省入興國州，至民國始致今名。余固孤陋寡聞而交遊不廣，於陽新有哲人之遺者惟此兩人，均在亦師亦友之間。成公道德文章為世所重，人固知之；而蕭君亦瑰意琦行，卓犖不羣者也。今以容止齋輯其文、詩（詩鐘）、詞、聯等分别梓行，囑余一言以為序。余既不敢以不文辭，亦情所不容，以年老體衰為拒，爰略述締交之由，聊答雅命而已。至其各類作品之高下，余不便有所軒輊，容待海內外賢達匡之教之。是所同企！

中華民國九十九年庚寅仲春吉旦　清苑張定成

自序

生逢亂世，學進半途，六年私塾，首讀四書五經、古文詩詞及歷史傳記等籍，粗知詩文之撰作，竭待勤修以精進。繼四載中學，研習英數理化等新科，成績僅中上而已，亦曾奪月考榜首之榮耀，聊以自慰！

卅四年秋，正歡勝利復員，毋奈烽烟瀰漫，遂投筆從戎，執干戈以報家國，整軍經武，弭兵燹而安子民。追隨政府，遠渡重洋，十年生聚，乍觀墟島復蘇；百廢俱舉，建設國家強盛。半生戎馬，遠疏藻翰；公餘空暇，完課上庠，更參《八二三》台海戰役，槍林彈雨，奏凱歸來，功留黨國，至感殊榮。

六十年春，由軍轉政，密勿樞垣，為他人而作嫁，閱卷棘闈，選雋士以服官。兼參社團活動，與海內外學者、社會名流，或政壇仕宦，或工商鉅子，偶相晉接，致酬應作品，日聚繁多，四十餘年，計類分：應用文、誄文、論述文及老生課業等四部份，堪云夥矣。然自感嘔心勞力所投注，固不敢珍之若珠璣，亦勿忍棄之如敝屣。叨承　張夫子清公之典定暨諸長輩親友之鼓勵，爰持付梓人，以留鴻爪。甚希　鴻儒碩彥，教而正之，則銘感五中矣。

中華民國九十九年歲次庚寅王春　陽新　**蕭　欽**　謹識

容止齋文集 目次

陽新 蕭欽 星禧著

丙、銘碑文……二〇九

參、論述文

肆、老生課業

壹、應用文

一、慶祝 領袖七旬華誕獻辭

時維九月，序屬三秋，氣爽天高，寶島呈瑞祥之象；星輝南極，重洋獻祝嘏之觴。際此令辰，恭逢 領袖七旬華誕，普天同慶，薄海騰歡。

緬懷祖國多艱，益念 領袖勳烈，五十年奔走國是，四萬萬民命所歸。大難無畏，履險如夷。早年則追隨 國父，秉承大業；繼而則黃埔建軍、奠定武功。東征北伐，成統一之中華；抗戰八年，弭侵凌之外侮。倭奴降服，國土重光。國恥仇雠，從茲洗雪，躍四強之衽席，奠萬世之邦基。

時值建國方興，詎料運遘紅羊，民深水火：生靈荼毒，板蕩中原。於是建國藍圖，毀於一旦；勝利果實，付諸東流，此國人之所以最痛心者。

民卅八年，政府轉進台灣，中樞無主。越年， 領袖為順納民意，毅然復職，繼革命之重任，揭反共之大纛，整軍經武，勵精圖治，改造革新，樹立中興碁石；明恥教戰，喚醒革命靈魂。士氣高張，民心振奮，作太平洋之中流砥柱，亦戡亂陣營之萬里長城，此吾　領袖正確領導所致也。

聯盟抗敵，益見中興，當此收復國土之前夕，正值生聚教訓之時期，孤臣孽子，舍奮發勤勞，刻苦自勵，不足以報國家於萬一；忠貞志士，非拋擲頭顱，痛灑熱血，更無以祝　領袖之古稀。為此，本班（五期專修班）謹訂四項保證，恭獻　領袖壽禮。

一、效法　領袖精神，以服務人群為職志。

二、實踐　領袖訓示，以廉潔奉公為榮譽。

三、貫徹　領袖命令，以整軍復國為大任。

四、護衛　領袖安全，以血肉生命為保證。

以上四者，吾儕當矢勤矢勇，貫徹始終，以期革命任務之完成，三民主義之實踐。

二、壽蔣彥士先生八秩壽序代

自古以大德者必得其位、其名、其壽。大德者何?蓋以其天資異稟,道德高明故也。或則不厭不倦,表率群倫;或則任勞任怨,堅忍不拔;或以毋惑毋懼,行事擔當;或以育才愛才,沖懷沉毅。揆諸今代,則總統府秘書長杭州蔣彥士先生,信乎年登大耋,名位達尊,宜也。先生乃秀毓鍾靈,學優則仕。以農業專家,復興農政而農民致富;任教育部長,改良教學而人才輩出;轉外交部長更臨危授命而外和內安;當今職掌中樞密笏,股肱元首而百廢俱舉,是以德被萬民,功在黨國,毋容多述。茲就近廿年過從中,略舉較意義者數端,臚列於次。

六十三年,政府舉行國事會議,余雖生之也晚,忝以留學生身分,奉召從英返國,參與盛會,獲睹當時之蔣部長,雍容儒雅,談笑風生,接待諸與會者,週旋於人群中無分老少,始終態度謙沖,作風開朗,尤對吾輩海外學子,殷切垂詢,禮遇近人,有即之也溫之感受，輒留深刻而美好之印象，此其不厭不倦，表率群倫者一也。

七十年間，我國籍國際奧會委員席位有動搖之虞，則先生表示全力護持，並堅定不移，且從中運籌帷幄，鍥而不捨，獲層峰首肯，通牒國際奧會認可，以政治不干預體育，各會一律平等，確定中華台北奧會模式，永保我國國際體壇席次，進而爭來國際體壇權益，此其任勞任怨，堅忍不拔者二也。

繼於次年，國際女子壘球賽，壘總定賽城為台北，或以事牽中共，影響我國主辦權，先生則獨排眾議，力主籌辦，並按奧會模式進行，一肩擔負，嗣中共以政治故拒，致女壘正式錦標賽在國內首開建功先例，反造成我居國際政治之優勢，此其毋惑毋懼，行事擔當者三也。

余返國服務歷年，因工作與　先生接觸頻繁，受教良多，並勉爾後專心國際體育，復經積年之奮力，幸國際體壇之認知，徐老亨利之推愛，於七十八年當選洛桑國際奧林匹克委員會委員，躋身於國際體壇最高殿堂，奉獻體育迄今。客歲國際奧會主席薩瑪蘭奇應　李總統之邀來訪，余受命籌備接待事宜，　先生對訪程指示綦詳，並全程作陪，深獲薩氏對台灣繁榮之高評及　總總政績之推崇，厚植彼此交誼，提昇體壇之國際地位與選手之士氣。此其育才愛才，沖懷沉毅者四也。

綜觀四者，乍見平凡，實誠偉大，如斯以修、齊、治之素養，立功、德、言於不朽，而今居高位、得高名，享高壽者，理所當然。夫姜尚輔周，年逾八秩；李靖安唐，齒晉九旬，以　先生之耋齡，而猶精神矍鑠，身骨健強，一如壯艾之時，他日則將有如松柏之挺拔長青也。是為祝。

國際奧會委員　吳經國　敬祝

三、段茂瀾先生八秩榮壽啓

享遐齡於八秩，人比相如；介景福於仲秋，堂開晝錦。與其勝會，宴北海之瓊筵；盍若躋堂，簽南山之錦卷？

安徽段茂瀾觀海先生，靈鍾間氣，智邁群倫。雪立程門，日受四時之課業；星軺海表，言通六國之語文。且修博士鴻篇，特報恩師隆遇。初游蓮幕，洊歷使臣。建言揚文化於英邦；授命制叛徒於法境。雖以功勳炳耀，位望清華；而致仕悉心教化，寄興篇章，此誠高懷之雅淡，亦上壽之由徵者也。

同人等列班晉祝：斯禮當然。天朗氣清，欣見杖朝之吉日；壽山福海，宜歌天保而歡騰。頌曰：

國之耆彥，道濟津梁。聲揚域外；馥蔭鄉邦。

功高德厚；學博文光。傳經造士，益壽康強。

四、熊委員在渭暨夫人八秩雙慶啓

蓋聞松柏同春，茂挺烏臺之樹；極婻並耀，光騰紫宙之星。古者因人事而致敬，則相與為辭以誌勿忘，故凡彝鼎標題，敦槃款識，亦常以祈福壽而康寧也。月之廿九日為餘江熊在渭紫茗先生暨夫人八旬雙壽令辰之慶，數積靈椿，衍八千之上紀，福臻懿範，陳九五之洪疇。凡屬車笠之交好，葭莩之姻親，允宜躋公堂而上壽，祝海屋之添籌也。同仁等素欽蘭臺碩望，兼仰鍾氏芳型，然而貢諛之語不工，側豔之談未習，所幸冊製錦綾，爭題名而祝嘏，歡增盛點，佐藻語以稱心。庶幾北海之樽，焉得專美於前！用弁數言，以彰大德，拋磚引玉，幸集群賢。

五、前考試委員張定成先生七旬榮慶徵詩文書畫啓

敬啟者：曩昔因事致敬。則相與為辭以誌不忘。今逢定公吾師七旬榮慶令辰。受業等溯自民國四十五年同坐春風，感沾化雨，今皆白頭弟子，年雖若而道不相侔，切念師恩　彌殷仰望　僉議舉觴為祝，而堅辭未許，乃製鑾箋①集錦，藉申海屋添籌，至祈文壇碩彥，藝苑名流，毋吝寸陰，各揮椽筆，庶冀琳瑯珠玉、陳美意以延年。則不惟受業等同沐榮光，而吾　師亦必欣然拜嘉也。隨奉蕪詞兩章，聊為喤引　並乞郢正

張研究委員○○先生

注：①鑾箋，即鸞箋、花箋、彩箋也。見（長生殿，製譜）「鸞箋慢伸。犀管輕拏，

待譜他月裡清音，細吐我心上靈芽。」

受業　任貫一　詹雪青
　　　何天澍　趙子卿
　　　林　杰　甯資楨　同拜啟
　　　宗大驊　蕭　欽

敬祝　定公吾師七旬榮慶

蕭欽

古稀今始政聲隆，敭歷樞衡立德功。蓮幕早參誇健筆，棘闈歸去振騷風；三千弟子宮牆望，四海詞儔意氣同。引領芝山春永駐，高臺蒔藝習喬松。昌詩宏教賴文翁，易俗移風奏大功。肯把嘉譽抛度外，常多雋語發胸中；賓朋乞字掀鬚笑，蔗境回甘報歲豐。最羨鴛鴦仙眷屬，延年美意祝明公。

六、賀張太翔先生七旬壽函代

太翔學長吾先勛鑒：歲聿更新，籌添衍慶。奉展懸弧令旦，未及頌祝岡陵、方茲所欲從心，更晉長生之酒；比維儉德，咸歌天保之章。素仰吾兄品概清高，食居簡素。以應政府之號召，不事鋪張；爰集唐人之篇章，藉公同好，網羅珠玉，並廣結善緣。而文章壽世，詩禮敦風，尤可欽也。弟分居同氣，喜與有榮。原當步韻祝嘏，奈何瑣務叢集，祇肅蕪箋，藉申忭祝，尚祈荃照不宣，耑此，並頌文祉

弟吳〇〇　敬啟〇月〇〇日

七、報名函授學校之經過與希望

詹君問於余曰：時代青年，應創造時代乎？余應之曰：然。國父曾訓示：「革命之基礎在於高深之學問。」我等才疏學淺。何以能是？曰：學而知之者也。吾始恍然悟之，昔孔子以「我生而知之者，好古敏以求之者也。」又曰：「三人行，必有我師焉」復曰：「人而無恒，不可以作巫醫」。由此觀之，聖人猶不能自滿，而必汲汲好古從師，吾輩碌碌庸才能不專心致志。精研古今哲理，深究中外科學乎？

方今時代飛進，科學昌明，為適應現代潮流，配合反攻大陸起見，在團體應共同研討；在個人應充實自己。但團體因軍事之倥偬，及勤務之紛繁，長官無暇以教部下，個人復因天資有限，經濟不充，學費、書籍在在均成問題，然則如之何其可也？曰：為不妨礙工作時間，則莫如就學函授；為解決經濟問題。則莫如集體研究，同人等有鑒於此，並為集思廣益，互相交換知能，乃共同以一人署名，報名「中國地方自治函授學校」，利用公餘。從事研讀，不亦宜乎？

此事經多番鄭重考慮。始決定初部腹案。因見讀書固屬有志者應有之表現。而在團體之中必得遵循團體之規律。尤其軍隊乃一特種組織，應取得合法手續，始屬正當之行為，所以特先具呈上峰，經各級長官幾番「簽擬」「審核」，認為合於規定，始邀批准，已達成第一步驟。

函授之志既決，函授之案又准，尚有函校，報名資格亦在考慮範圍，乃相商詹君搜集諸般有效合法證件，而獲詹君高級師範之學歷，及憲幹班軍士隊之證件，與四十一年度考院普通行政檢定考試之資格等，去信函校報名。越三日接得該校本，四十二年元月二十四日，治台學教字第九一號通知，審查合格，准予入學，乃達成第二步驟。

軍人薪給，按每月十五、廿五日兩日定期發放，當二月上旬，正青黃不接之際，同人等皆囊橐如洗，一錢莫名，函校學費，如何繳付？仍獲詹君之熱心支持，墊出新台幣壹佰零柒元，掛號匯兌函校，完付學費，准予註冊，遂達成第三步驟。

同人等立意之初均感此事，荊棘叢叢未必能如所願，今竟如期完成此三步驟，實感慶幸；惟青年人志高氣浮，往往被波折而志消，經困難而氣餒，一暴十寒，半途中輟者多，如恒河沙數！尚冀各同仁。一本初志，貫徹始終，庶幾共同，切磋琢磨之功，當勝於個人自修萬萬也。語云：「學貴有恒。」又青年守則：「有恒為成功之本。」願與同學共勉旃！

江右青年蕭　欽于屏東軍次

民國四十二年二月八日

八、陽新縣旅台同鄉會募捐啓

蓋以興邑邊陲：散居僻壤。大陸自開放以來，親朋即返鄉頻仍；路途既距省垣遙遠，交通常感舟車缺如。敬啟者，為顧及還鄉祭祖或探親之安全便利計，特發起旅台同鄉捐購中型旅行車乙輛，委由陽新縣接待服務處管理並調度，用以接送返鄉鄉友，此舉雖以助人，實則助已，敬希各位鄉親朋友，慷慨解囊，踴躍捐輸，固為涓涘芹獻，而集腋可以成裘，若能共襄盛舉，自必樂底於成，則此一功德，將造福縣民，傳譽於梓里矣。

注：凡所捐款請於本（八三）年三月底前，逕匯台北市松山路二三二號柯鵬鄉友收辦，並製給收據，公佈賬目，連絡電話：（〇二）七六四—四一五一

發起人：華傑三　張志遠　胡象賢　蕭欽　蕭國漢　柯鵬　石漫青　周幹才
董修平　李仲篪　石熙祥　陳慎　周克和　鍾邦俊

九、先總統蔣公恩德堂籌建序（未發）

恩光普照，德澤長流。嘗膽臥薪，鼎革迭興於宇內；征誅揖讓，聲威早震乎寰中。恭維
先總統奉化蔣公，道宗孔孟，業繼孫黃。率天下以仁，教國人以孝。高也大也，至仁被之於華夷；恩斯勤斯，博愛足以及禽獸。更八年之鳳曆，光復臺灣；戢三島之鯨氛，毋夷王幕。遺孑從茲自由安樂，日人靡不戴德懷恩。是以惠澤南霑鯤海，恩波東渥瀛洲。
今高雄市市民等，為崇報於　總統蔣公之皇恩，並深體其報國思親之宏願。於市之北郊內惟龍皇寺後山坡興建恩德堂，復配建二十四孝亭景，藉弘　蔣母教忠教孝之徽音，以倡庶民盡孝盡忠於家國。咸相與禱祝而默念之，又相與詠嗟而歌頌之。迺將像圖堂奧，勳勒鼎彝。庶幾沐教化而啟中興，挹清芬而端末俗者也。
　高朗令終，明神永在。鼉更報曉，佇看九色之祥雲；恩德名堂，且紀千秋之盛事。

中華民國六十六年歲在丁巳秋仲穀旦　　陽新蕭　欽恭撰並書

十、蕭氏宗祠重建落成紀念碑

族之建宗祠，猶國之建官府也，官府為國家主權之中樞，乃執政者之辦公處所，而宗祠則為各族胤嗣之家廟，其於祖宗祭祀及各種慶祝等集會活動之重地。吾二十世祖世儀公及世仙公由鍾山茨林坑相繼遷河南畈（今即阮家畈）開墾，閱三、四代宗瑾、宗瑜及顯文等公克勤致富，子孫蕃衍，盛及一時，首建蕭氏宗祠，祠宇巍峨，堂構華觀，與當地各大姓宗祠相抗衡也。至共和國○○○年，政府為興水利建水庫，全村族人改遷長德壠、嚴家壠及遠徙外鄉者，而宗祠亦隨之拆毀矣。自是族人以每逢年節祭祀不便，於勢禁民困中，簡陋建祠設龕以供祖先神位，並藉此續修宗譜一屆之盛事，以全孝思不匱之願矣。近期海峽兩岸因軍事緊張而稍緩，文化經濟以相互競爭而繁榮，人民家道漸入富裕，族人均感原祠不適用，倡議擴大重建，於是商定方案，論丁攤排籌募人民幣○○○萬元外，並由寄居外地仕商等捐獻人民幣○○萬元，共計人民幣○○○萬元整，資金籌定，始鳩工設計，自〇〇年〇〇月〇〇日開工至〇〇年〇〇月〇〇日竣工，咸瞻祠貌重新，氣派輝宏，眾皆歡騰不已。祠既落成，族之大事，遂續詞以祝曰：

祠宇新構。雄偉堂堂。列祖列宗。安享烝嘗。

春秋匪懈。繼序不忘。枝蕃葉茂。積厚流光。

旅臺裔孫緒賀敬撰並書

十一、柏臺獻言序代

同寅李先生存敬。早年獻身議會，謀地方之福祉；今則司憲柏臺，策吏治之清明。存誠公忠，淡泊名利，與余志同而道合，互以報國愛鄉相期許。

先生學驗俱優，德望允孚。驥足方展，偉論重於九鼎；鴻獻懋著，賢聲遍及全臺。問政則肯切陳詞，乃追根究底；查案則認事析理，必於法有據。凡有所建白，無非先憂後樂之情深；主張糾彈，皆緣整肅紀綱之心切。此其天性之正直而秉賦之深厚，有以致之。

先生自膺選監察委員，經連選連任，以迄於今，由於忠勤盡職，熱心服務，先後被推舉為內政、財政、經濟、交通及司法等委員會召集人，或即席議事，廣及政法財經；或勤探民瘼，足遍台澎金馬。裁決紛爭，每見一團和氣；綜合提案，側多灼見真知。觀其白簡霜寒，繩愆糾謬，其事有不勝枚舉者。歷經十四春秋，致所發之於讜論時傳，彈章疊出。積稿盈尺，甚有可觀，所輯為「柏臺獻言」。將付鐫刊，囑序於余。獲先睹為快，感其有裨於世道，特綴數言，以誌欽佩云爾。

中華民國七十五年第二丙寅孟冬月

監察院院長 黃尊秋

十二、薩瑪蘭奇與奧林匹克序代

曠觀古今中外名人、領袖，策略家者有之，政治家者有之，革命家者有之，實踐家者亦有之，四者備而兼之，殊不多見。今徵諸國際奧會主席薩瑪蘭奇先生四者兼備，披讀〈薩瑪蘭奇與奧林匹克〉一書，昭昭明矣。

薩氏自十八歲起已有要當主席之雄心壯志，即確定最遠目標，構擬行事歷程，像蜘蛛般在各處將各人類織入網內，具有投其所好，讓人談而不是自己講，關注各種看法；及其思想精細，機智敏銳，多次在預估某一議案有失敗之虞時，立將該建議案撤消，並能理解話題，迅即得出結論，讓人各得其所，處理最為恰當。更在巴塞隆納奧運時，呼籲全世界國家自奧運會前一週起至結束後一週期間停止所有戰爭，擬訂停戰誓約，並獲各國一致響應，期能以行動促進世界和平，確為當代之策略家。

其次，薩氏總是運用古典公式，分化敵對力量謀求團結，有任何設想，是由下而上提出，先由各專業執委會共同討論，自身表明維持中立態度，議程中各項表決案，均不參與投票。外交手腕極為高明，且運用自如，十三年來獨執體壇牛耳於不衰，堪稱一位有遠見之政治家。

又自一九八〇年八月擔任國際奧會主席一職後，即將布倫戴奇時代完全封閉之組織，以革命式手法轉變為開放機構，相信國際奧會是唯一精選私人俱樂部，將之面貌改變，從此擺脫政治關係，不僅使之處於支配地位，尤可現實地面對。二〇〇〇年，取消虛偽業餘規定，獲致更多尊敬，並將國際奧會、各國單項體育組織和各國家奧會三大支柱精誠團結，促成國際體育提振、活躍。奧運為各國城市所爭逐，獲選者為最高榮譽，成功者乃不辱使命。薩主席說：「需要就是責任」。「權力就是榮譽」，誠然！誠然！世人謂其為革命家，實非虛語也。

再又其在任內之工作成就甚夥，如：一、放寬奧林匹克憲章第二十六條關於參賽資格規定，允許職業運動員參賽。二、擴大國際奧會選舉範圍，俾包括更多運動員、國際單項體育組織主席及國家奧會主席。三、於舉辦漢城奧運會過程中，使東方與西方、共產主義與資本主義在體育方面之關係穩定化，致在世界事務中激起連鎖效應。四、更以三五〇〇萬元捐款，在瑞士洛桑日內瓦湖畔建立奧林匹克博物館等事蹟，不勝枚舉，並默默耕耘，鍥而不捨，腳踏實地底逐步實現，真不愧為實踐家也。

薩主席就任後本著平等之原則，承認我國在國際奧會會員席次，繼又協助我國單項協會恢復在國際單項總會之會籍，開創我國運動選手享有國際體育平等待遇。以及去（八十二）年再度專誠訪華三天，觀感極佳，對我國體育之發展甚為肯定與關切。

總之，薩主席除對奧林匹克革命性的改變與貢獻，功勳卓著，世人咸為讚譽外，更有不為人所知者，其表面冷漠不動聲色，而內心熱誠，有忍耐心，有慈悲心，還廣結善良及扶助貧病等，至為敬佩。

經國於一九八八年當選為國際奧林匹克委員會委員，特親身經歷此一奧林匹克改革過程中，並配合支持薩瑪蘭奇主席推動工作，使奧林匹克運動在其巧妙手法和毅力，克服困境，開創新局，將奧會帶入民主化與商業化，蒸蒸日上，發揚光大，不禁為其壯舉成功喝采。

此書乃英國泰晤士報大衛米勒先生(MR. DAVID MILLER)編著出版，係梁麗娟女士翻譯為中國簡體字發行，獲大陸各界讀者喜愛。余於去（八十二）年秋訪問北京時，特情商梁女士之同意，由內子劉馨女士校正為標準字體，暨財團法人奧林匹亞體育文教基金會資助在台灣付印，對國內讀者朋友認識奧林匹克事務當有莫大之裨益也。

國際奧會委員　吳經國　敬祝

中華民國八十三年元月○○日

伏嘉謨評：大作條理分明，結構謹慎，詞句簡潔老鍊。可喜，至佩。

十三、中和市志序代

我國方志，稽諸史乘，由來久矣。馴至後世，支分益夥，有省、道之志，有州縣之志以及有鄉鎮之志也。夫志者，史也。蓋用以述往事，而鑑來茲。中和市乃本縣屬之大市鎮之一也。因介於板橋市與永和市之間，土地肥沃，幅員遼闊，雖間有水患，而全年氣候溫和，交通便捷，工商業發展快速，以人口論，由五十年之三〇、二〇一人至八十五年即達三八三、七一五人，在三十五年內增加十二倍之多；又其工商業繁盛，與永和市齊頭並榮，互相抗衡，難見其軒輊焉。中和市之突飛猛晉，其原因固多。但不外下列各項：

一、以地利言：中和市在大台北屬交通系統完備之下，所有工業發展向市郊擴散，由於鄰近台北市大都會區，自然各工廠就近遷建中和為必然趨勢，故中和市工廠多，大量吸收人口徙入，故由鄉而直升為市者，良有以也。

二、以人和言：中和市早年係屬田野之鄉，其人勤儉純樸，刻苦守分，日出而作，日入而息，風俗淳厚，外商來境內設廠，勞工自屬不虞匱乏，是以廉資生產，最有裨益。例如：艾德蒙電子公司業績欣欣向榮，不言可喻也。

三、教育普及：基於中和市之人口急增，公私之中小學林立、師資優良，國民所受教育普及，並有華夏工專及國防管理學院高級學府之設立於轄區內，故其人才代有輩出，知識水準日益提高，與各鄉鎮市不多讓也。

於今欣逢中和市志已編纂完稿，即將付梓，而乞序於余，追念先賢前後來鄉市拓墾之艱辛，且歷年久遠，前既無所考，人事推移頻仍，記載史料亦不全，今編者諸先進以有限史料，再加各自勤蒐密訪所得，在短短年餘期間成此鉅著，殊足欽佩，特為短序，以資紀盛云爾。

台北縣　縣長蘇〇〇　並識

中華民國八十七年六月

十四、陽新縣志重印紀略合擬

—成試委惕軒典定—

先代史實之能傳於後世者，以其文獻之足徵也。神州板蕩，東走瀛臺，不見雉水龍山，幾歷四十寒暑。仰明月而悵惘，興故鄉之遐思，斯有尋根索本之舉。

初，同鄉會理事蕭　欽星禧與吾鄂王氏鈞章談及諸縣重印縣志事，始悉陽新縣志在臺僅有兩部，一存雙溪故宮博物院，一存南港中央研究院，蕭氏分至兩院覓得，遂於民國七十二年癸亥春節團拜中倡議重印，並由蕭欽、鍾邦後二人負責籌辦，承諸鄉長之匡正，獲益良多。

縣志，係地方文獻，兩院視此為國珍，例不外借，僅允提供複印。七十二年六月借得博物院複印本，同年八月借得中研院複印本，博物院本係原本折開複印，但缺第三十八卷，中研院本則係整本複印，惟效果不佳，乃以博物院本為主，中研院本為輔，補缺正訛，合而成一。

我縣志原名興國州志，始修於宋，再修於明，三修於清代康、雍年間，光緒十五年及三十年又各續修一次，今所重印者係根據光緒三十年之木刻版本，原刊印刷不佳，具殘缺欠清晰者甚夥，經鍾邦俊逐一勘校，力求詳確，其間奔走南港中研院者凡十餘次，仍有少數姓氏不清及續補篇之卷首「津梁」缺一至六頁，無法勘補，為便後生認識家園，增列地圖二幀，刊於篇首。

然資料已備，經費闕如，經理事會於七十二年十月集議決重印兩百部，先後徵求預約及籌募費用，由理、監事各捐資壹萬元，並承鄉友熱烈支持，預約捐助者甚眾。於七十三年甲子春節團拜時，再推徐玉成、胡象賢二氏襄辦印刷事宜，同年五月商由世紀書局承印，約定一月內出書，從此吾邑珍貴文獻，得以繼續流傳，而毋負先人之遺跡也。

湖北陽新縣旅臺同鄉會謹識

中華民國七十三年甲子孟夏月

說明：本文係由鍾邦俊、蕭欽合擬初稿，呈請成丈惕軒前輩刪改定案，特此陳明。

十五、監察權新論自序

簪筆蘭臺，摛文蓮幕。有緣與各監察委員或學者，名流等，時相晉接，感監察權式微，為國人譏為「祇拍蒼蠅，不敢打老虎。」是以於公餘之暇，從事探導監察權何以未能發揮彈劾、糾舉等各項權責之成效所在，遂蒐集世界各國憲法中之監察制度，暨本國歷朝監察（諫官）制度之權責，加以研究，閱廿餘寒署，手撰《監察權新論》約五萬言，煞費苦心。

觀夫監察院自民國三十六年行憲，開國元勳于右任首任院長，在任數十年中堅持監察權之威性，屹立不搖。並任內曾彈劾副總統李宗仁暨各院院長、部長、地方首長及幕僚官員等文武百官之違法失職，經分移國民大會罷免、及公懲會、法院各予懲處、法辦在案，迄今三十餘年來三一三件。堪云夥矣。致監察院之聲威，盛及一時。曾聞　先總統蔣公主持某次國大會議中討論監察權變動時，右老當即藉故離席，以表異議。會後派蔣經國先生踵院晉謁于院長，特予陳明，原議案已保留云。足見于院長對監察權之何等重視。

繼李嗣璁、余俊賢二院長任內，雖致力於監察權之提昇，糾彈案亦多，限於情勢所趨，而監察權之威望，仍一蹶不振。乍聞彈劾某單位主官違失時，其上屬長官不予尊重，反將被彈劾人員調升者，其對監察權之漠視可知矣。繼又黃尊秋、陳履安二院長時期，對監察院建樹和改組，貢獻良多。再繼而王院長作榮、錢院長復之大執法，革新制度，績效顯著。惜監察權，早已低落，一時難以伸張。當今之王院長建煊率先監委，勤探民隱，執法如山，擴大宣導，聲勢豪壯，有此氣魄，殊為僅見。

際此民主風潮所趨，法令制度受限，立即重振監察權聲望，亦不易也。倘欲齊包青天（拯）之鐵面威風，施公案（世倫）之聽斷如神，以及于髯翁之堅毅不屈，且看王聖人暨監委諸公之智慧與毅魄之大有為焉。

余才學譾陋，研讀不精，尚能井條有理，一目了然。拙著謂新論者，除中華民國憲法及臨時條款原有之規範落實外，特提出新構想、新見解之芻議，如當局依法修訂配套措施，以提振憲法監察權之功能，不無裨助也。是為序。

中華民國九十九年歲次庚寅王春月　　鄂南蕭欽（星禧）謹識

十六、容止齋詩集自序

廿年學劍，萬里征程。憂國許身，執干戈以衛社稷，戍邊靖亂，忘生死而之遐荒。無如革命蹉跌，陸沉感奮。竄身海外，牽腸多鄉國之思；翹首中原，極目有河山之異。每自情懷富水，摭閒詩集蓬萊。聊以寫憂，藉抒所志。但時逢際會，獲緣洊入蘭臺為幕友，致對酬應之作，日積漸多，近合併在軍、在政及致仕諸階段之詩詞等，爰加彙整，概分為：萬里征程、解甲從政、致仕淨修、酬世應用及折枝詩餘等五篇，都為一集，豈敢敝帚自珍，但望拋磚引玉。甚希詩學前驅，吟壇健者，教而正之。

中華民國五十一年歲在壬寅三月　　蕭星禧於台北軍次

十七、容止齋聯集自序

對聯者，顧名思義，乃對其事，聯其義也，亦即對比聯合。凡觀念之性質，其相反相關者，可兩相對比，互為聯合。譬如：說「餓」就想起「飽」，說「真」即連想到「假」。紅樓夢中有：「假作真時真亦假，無為有處有還無」。誠然：基於我國採用單字單音之特質，又可構成對仗之現象，是以在詩文運使對偶句子，以表彰文采。南朝梁時沈約等倡聲律說，在聯偶句中平仄有一定限制，致其內涵愈趨精巧綺儷，又文章修辭法用對襯均勻之字句，展現對仗工整之形狀，前人詩文多借用典故，其引伸比擬，對偶親切，更有可觀者。

昔五代後蜀主孟昶自命題：「新年納餘慶，嘉節號長春」起，繼宋以後，辦年貼春聯，已相當盛行，嗣明太祖朱元璋親撰：「雙手劈開生死路，一刀割斷是非根。」以賜閹猪者，當尊「御筆」為之珍寶，竟成名人，且生意十分旺盛，傳為佳話。

至對聯之作法，在技術上，一為平仄之對襯，一為詞性之對仗。在形式上，一般四言（字）至八言，凡超九言而由兩句以上長短不等之字句組成者，習稱「長聯」。例如清葉孫髯翁（布衣）所撰：「昆明大觀樓」一百八十字為長聯之嚆矢，累代均有佳構，迄現代湘之名仕伏嘉謨（壯猷）為「湖南文獻社」製聯長達千字者，乃聯書中僅見，難能可貴也。

當今之世，聯語應用日廣，全國各界，靡不借用對聯文詞之精彩，以宣揚其行業事物之優值，達成利益宏效之目標，遂獲取豐收之碩果。

總之，對聯之學，雖為小道，但言簡意賅，而妝點湖山，酬應人事，每周於用，誠屬大觀。

余才疏意廣，蕭規曹隨，依樣葫蘆，不斷習練，幸晉柏臺為幕友，屢承酬應之撰作。或吐心聲以明志，感慨發抒；或供役使而從公，帡幪獲托。卅餘載以來，積聯牘亦夥。不計工拙，類分成帙，爰付梓匠，藉誌雪泥。至希文壇先進，教而正之是幸。

陽新 **蕭欽** 星禧

中華民國九十九年歲次庚寅王春

十八、容止齋集錦自序

余少居鄉曲，嘗讀古詩文辭及四書五經，略諳平仄韻律，偶亦吟詩作對，未敢言工，而性頗篤好，嗣入公立學校，以忙於英數理化，而舊文學逐漸趨疏遠矣。

勝利後請纓，輾戰大江南北。三十八年秋隨軍轉進臺灣，歷廿餘載軍旅生涯，以報國為職志，亦無暇流覽詩書。自六十年春由軍轉政，初在介壽館任職，旋調監察院服務，退公之餘，得重溫古籍，雅興復起，集石鼓文成聯百副；集字成絕律詩十首。置之書櫃久矣。八二年夏於柏臺致仕，獲聘於國際奧會聯絡處任顧問，三年後轉任中華綜合研究院編審地方志凡數種，閱二年已逾古稀而離職賦閒。至九十年再集古人詩句為絕律詩凡六十八首，復集碑帖字為聯四至十一言一三三副及集長短句（調）五至十二言一八八副。又以（風花雪月）四時美景，又集句與自撰等嵌字成聯由五言至十六言凡二一五副。爰加彙整，都為一冊，命其名曰：「容止齋集錦」。集錦者，乃集碑帖文字及古詩詞句，或為詩，或為聯，而嵌字聯則有集古人詩詞及自撰兩種也。此在昔儒因優為之，余愧莫能與之踵其武而齊其風也。

拙作純為遣興消閒，一時興起之遊戲文字而已。固不敢珍之若珠璣，亦不忍棄之如敝屣。承吾　師張前考試委員定成先生賜序題耑，及蔡董事長鼎新撰序激勵。藉光篇幅，倍感榮寵，特致誠摯之謝意！至於作品之工拙，本非易也；或譭或譽，亦非所計，聊成八句以自解。

詩云：東挑西摭綴成文，遣興消閒樂自云。

集句如庖治鼎膳，嵌聯若匠鏤龍紋；

薰香摘艷隨人笑，琢腎雕肝致力勤。

他日坊間容庋置，須知老圃費耕耘。

陽新　蕭欽星禧謹識

中華民國九十三年歲在甲申孟夏月

十九、孝友雅築敘

夫天地間詩書最貴，家庭內孝友為先。詩書可增長智慧，提昇氣質；而孝友則薰陶品德，敦睦倫常也。今覩

李君漪嶸暨德配陳玉浩賢伉儷，早有報父母之恩，亦有了兒曹之願，嗣閱十餘載之創業經營，不負苦心，終獲利盈千累萬，特斥資卜居於新北投，卒遂仰事俯畜之旨。又因境幽室雅，故顏曰：「孝友雅築」，不亦宜乎！是為敘。

歲在丙子年元宵　容止齋主蕭　欽

二十、正草隸篆四體書法輯跋

書饒豪氣精而勁；

筆有奇鋒老更神。

余追隨　張師清塵，以其道德彌高，學問淵博，文章豪美及口才甚善，素為敬仰備至，尤對其書法作品深感美學與藝術之外，並揮灑自如，運使嫺練，常見神來之筆而出奇鋒之妙，故迭有推陳創新之境界焉。

張師才德雄厚，志業恢宏，乃世人敬仰者也。曾任樞衡政要，並兼講上庠而為國師；致仕後仍忙於各界禮聘專案鴻文之品評及國家社團重大文稿之纂擬，自是齒德俱尊，望重譽隆於當時，咸稱國學之泰斗，法書之權威，未過其詞而足當之其分也。

張師曾於七十八年冬及九十四年夏兩次在國立明德藝廊書法個展，獲得詩壇學者及社會名流之詩詞贊譽者夥，評價甚高。

張師為當今全能書法家，正、草、隸、篆等四體均工，但正、草、篆均為中鋒、藏鋒、懸臂運使，力透紙背，而隸書則為偏鋒、露鋒，益見其多所樂於運筆者。本書法輯各體，係即席揮毫，一氣呵成，堪稱完璧精美之作，展觀筆法遒勁，氣勢渾雄，若龍騰大海、鵬展長空，有皇皇大筆，橫掃千軍之慨；誠不易得之鉅構，應寶之，宜傳之。

愚意為推廣書法，弘揚中華文化並提升價值與功效，擬景印成帖，以為因應社會有志趣於練習書法者之範本，　張師亦樂意其可乎？

學生　蕭　欽星禧謹跋

二一、樹林鎮志編後語（代）

志者，記也，記其事也。記言記事，秉筆直書，以守其正，存其真者為史。蓋史與志，皆記述人類社會賡續活動之體相，較其總成績，求得其因果關係，以為現代人一般活動之資鑑也。

樹林，依山懷水，毓秀鍾靈，故爾人傑生也。由於代出賢才，致力於拓墾開荒，闢建交通，設立學校，發展農工，歷經艱困，日漸繁榮，繼因改制升鎮，始有今日之盛況。追懷草昧而進入文明，由文明而躍登福利社會，皆自拓墾先軀及歷任莊長、鄉長以至民選鎮長等不斷經營精進之功也。其間創建事蹟，可歌可泣者夥矣。唐太宗云：「以古為鑑，可知興替。」前人慘澹經營，殊不易也。豈可任由湮廢，而不為續修傳之於世耶？現任鎮長廖本煙先生深體斯旨，特提出重修樹林鎮志案，當獲鎮代會代表們之全力支持，照案通過。

旋於八十〇年〇〇月〇〇日商交本院應用史學研究所負責編纂，本院史研所鑑於責任重大，詳為規劃作業進度時程，即會同鎮公所成立編審委員會，議定所、院責任分工與配合，展開蒐集有關文獻史料，全鎮機關團體普遍調查、或耆老謁訪，或田野接談，以及多次召開座談、口述史實交換，送交史研所參考。再按擬定地理、政事、文物及……等十一篇，分由各研究員及專家教授主撰初稿，經總編綜彙成冊，為免人、地、事之差訛，送請鎮公所確認之。承編鎮志迄今，叨蒙廖鎮長暨所內各同仁全力配合及諸耆老、仕紳之賜教，順利編成完稿，在此謹表謝忱！

鎮志首開地理篇由台大地理系張伯宇教授主撰，經濟篇由文大經濟系許介星教授主稿，建設篇由海洋大學黃文吉教授主編，住民篇則由東吳大學徐立忠教授主編，皆為備極辛勞，深致謝意。

為期力求完美，責由本院研究員林義煊先生彙審定稿，完成使命，至堪嘉慰！

本志所記言與事，秉筆直書，可謂忠於歷史，且篇章有序、節目分明，不但可作學術之稽考，抑亦可作前車之借鑑也。最後預祝樹林鎮政興隆，倘百尺竿頭，更邁一步，其升格為市也，應指日可待。

二二、比較法學研究的重要性講詞代

——黃副院長尊秋對中國比較法學會七十二年年會暨法制建設研究會演講稿——

理事長、各位貴賓、各位女士、各位先生：

今天欣逢中國比較法學會舉行七十二年度年會暨法制建設研究會，尊秋應邀參加盛大而隆重的開幕典禮，並和各位女士、先生見面，深感無比的榮幸。

貴會以法學比較研究及法治宏揚為宗旨，貴會的各位女士、先生都是我國法學著名的學者，以及從事司法實務的專家，而今聚首一堂，從事法學之比較研究與探討，並每年有十餘次的座談活動，還有世界各國法學教授及專家參與，發表演說，共同進行研究，交換意見，且出版學報等刊物，績效斐然，對於國家社會的法制建設及學術研究，貢獻極大。本人首先要向各位會員女士先生致崇高的敬意。

國家的法律，從一切行政法規、民刑事法律、一直到國家根本大法的憲法，整體而言，就是這個國家的思想文化，人民的生活習慣和社會背景的寫照，也可以說是這個國家形象的縮影，古代的法律，各民族間雖各不相同，惟近世紀以來，由於交通的發達，傳播媒體與印刷的進步，文化的交流，彼此比較研究，互相參酌應用，已逐漸走向有共同理念的境地。所以法學的比較研究，其重要性可以從兩方面加以闡明，一是法律的修訂方面，一是法律的解釋方面，二者相輔相成。

就法律修訂而言：法律的修訂，由著手起草開始，經過反覆多方的研討，直到完成立法程序、公布施行，其間除了應注意重視立法之宗旨，以適應國家、社會人民的需要外，尤宜參考各先進國家的立法例，研判其利弊得失，作為我國立法的借鏡，這不僅有助於法律的完美，而且可以促使法律的進步。　貴會各位女士先生以往的貢獻，在促進立法技術的改良以及促使我國法律的進步方面，功不可沒。過去槍砲彈藥刀械管理條例，在立法院審查階段，　貴會曾經參考外國立法例，提出精闢的研究意見，獲得重視與採擇，可為例證。當前尚有公務員懲戒法、民、刑事訴訟法等，亟待修正，期望各位女士先生繼續不斷蒐集資料，逐條分析其利弊，提供卓見，俾使各項法律更充實、更完美、更具效用，以達成　貴會謀求社會人民福祉的宏願。

次就法律解釋而言：法律是由文字所寫成，民主法治國家的法律，莫不如此，這是大家所熟知的，既是文字訂定，無論如何週密，適用時難免發生不同的看法，究竟那一種看法和意見是與條文的立法原意相吻合，或者法條中漏未規定事項，究應如何加以補充，始能符合全體法律的精神，就要依賴法律的解釋了。監察院站在保障人民權益的立場，曾經提出許多法律的解釋案，其中司法院七十二年七月一日所公布的大法官會議釋字第一八一號的解釋，所謂：應於審判期日調查之證據，未予調查，致適用法令違誤，而顯然於判決有影響者，該項判決，即屬判決違背法令，應有刑事訴訟法第四百四十七條第一項第一款規定之適用。換句話說，應於審判期日調查之證據而未與調查等情形，而影響實體判決時，除撤銷其程序違法部分外，應一併將原判決撤銷，由原審法院依判決前之程序更為審判，以維裁判之公正。這一解釋案例，係參酌了外國判例與學術見解而成，也可謂是一項比較法學的成果。但大法官解釋，應自何時生效頗有爭議，有人主張應視同法律之公布，本於「不溯既往」原則，應自解釋之日起生效；又有人主張解釋，祇不過就現有法條文義成立法之本旨予以闡明而已，並非法律之創制，並無不溯既往原則之適用。因生效時期之不同，影響當事人之權益至鉅。解釋效力之生效日期或前或後，對於法律之安定性與妥當性究竟有何影響？尚望各位女士先生們深加研究。

今天我們經濟繁榮，國際貿易額不斷的成長，社會變遷至為急速。經濟犯罪、公害犯罪、暴力犯罪日益增加，更由於國人對工商法規瞭解不夠，導致商標與專利之仿冒糾紛迭起，比較法學之研究，更可提供國外的立法經驗與法律政策之評價，協助立法上之改革，防範日益嚴重之犯罪。尤其在尖端科技發達的今日，我們又面臨新的資訊世紀，其中特別與法律秩序有關的，就是資訊運用中所導致的電腦犯罪與糾紛的昇高，此一問題　貴會的會員翁大法官岳生先生已在司法院動員月會中提到，並有不少的報章雜誌的介紹，對之尚無完整法律，又無判決前例，更值得大家貢獻智慧，努力解決的重要課題。

綜之韓非子說：「奉法者強則國強，奉法者弱則國弱。」即為崇尚法治之至意，亦即為　貴會宏揚法治之宗旨。所謂奉法者乃指政府之措施，人民之行為，均能依據法律、遵守法律。此必賴有完美之法律與法學教育之推廣。深盼各位女士先生們於法學比較研究之餘，共同致力於法學新知的傳播，使法律更進步，法治更昌明。我們的國家更富強。

最後敬祝

大會成功！

各位身體健康，精神愉快！

二三、敦親與報國講詞 代

——黃副院長尊秋為菲律賓江夏黃氏宗親總會五十週年而作——

我中華民族，雄踞東亞，經歷五千年，綿延不衰，能同化異族而不為異族所同化者，乃中華民族有悠久文化，重視倫理血統之所致。何謂倫理血統？自家庭而家族而宗族，更擴而運用於社會、政治諸倫序關係，形成我民族組織力之自然根源。稽諸歷代政、教遺規，未有不以提倡倫理綱常為基本動力者。　國父孫中山先生於民族主義倡：「擴大宗族團結而為國族團結」之旨意，以期發揮我中華民族之群力，而永遠適存於世界。先總統　蔣公亦曾闡釋「倫理」為民族主義之本質，以期復興中華文化，宏揚於全國，是則實行三民主義統一中國之號召，冀有所成，而敦親睦族擴大推行，有裨助焉。

黃姓為中華民族十大姓氏之一，今日中華民族之生存繁衍，端賴黃帝戰敗蚩尤而來。黃帝雖非得姓於黃，但確為中華民族之始祖，亦我黃姓之祖先也。溯自姓氏宗族興，黃姓歷代聖賢輩出，如：三國時黃忠、東漢時黃香、西漢時黃石公、唐有黃杉客、宋有黃庭堅、元有黃公望、明有黃子澄、以及清之黃宗羲、民國之黃克強等，有軍事家、政治家、文學家、隱逸者、革命家不勝枚舉，故一部中華民族史不乏黃氏史料。而黃氏孫枝蕃衍，堂勢尊嚴，遍佈全國，乃至海外各地區。以目前台灣區而言，黃姓為第三大姓，人口總計為：一百餘萬人，占台灣人口十八分之一。又分佈較多之縣市依序為：台北市、台北縣、彰化縣、高雄縣、台南縣及……等，堪稱星佈全臺。

吾黃姓江夏一支，更是遍及海內外。一世祖為陸終長子昆吾之子高，十三世孫石，因佐周有功，賜姓為黃，世居江夏，從此傳衍各地。九十世孫黃峭，宋進士，累官至天章閣直學士。娶三妻，各生七子，共八十三孫，以詩遺諸子孫散處各地。詩云：「駿馬匆匆出異方，任從勝地立綱常。年深外境猶吾境，日久他鄉是故鄉；朝夕莫忘親命語，晨昏須薦祖宗香，但願蒼天垂庇佑，三七男兒總熾昌。」並遺囑裔孫遇能念上詩者，即請升堂，無詩以對者，亦是歇公後裔，不可以簡慢待之。今菲律賓江夏黃氏宗親，未嘗不是發脈於此。其人忠於祖國，友於僑邦，乃有所自。簡述此一先祖佳話，不僅可供菲國宗親尋根溯源之願望，亦符合增進宗族團結、國族團結之要旨，其意義至深且鉅。

值茲敵人正施其毒技，消滅我中華民族固有文化，破壞我家庭倫理道德，妄圖將我民族賴以生存之根本，徹底毀滅。先總統　蔣公為挽救此一民族浩劫，倡導中華文化復興運動，我菲律賓江夏黃氏宗親總會理事長黃書漢先生暨副理事黃明德先生，秉持先總統　蔣公之昭示及響應三民主義統一中國之號召，特藉總會創會五十週年紀念之日，修訂宗譜，擴大徵文，俾後之讀者，確知根源發祥及歷代祖先遷徙經過。從而念祖德積厚流光，啟子孫慎終追遠之思，更進而瞭解祖國與華僑之地緣血緣關係密切，以激發倫理道德精神，宗族團結觀念，愛國報國表現，則他日光復大陸，統一中國，我菲島黃氏宗親當與有榮焉。

二四、開發澎湖拓展海上觀光事業講詞代

——黃副院長尊秋為台北市澎湖縣同鄉會二十週年紀念而作——

台北市澎湖縣同鄉會為創會二十週年紀念，特訂四月間舉行慶祝大會，同時召開澎湖旅台各同鄉會第二次聯誼會，以及該會第八屆第二次會員大會，屆時群英濟濟，薈萃一堂，自有一番盛況。為擴大慶祝特將會刊——「西瀛之聲」雜誌增加篇幅，發行紀念特刊。理事長盧美評先生係余十多年之好友，特囑余為文，因余曾任職澎湖數載，亦屬澎湖居民之一員，在情在理，無容推辭，茲將居澎所感，略提數點列下：

一、民風淳厚，生活勤儉：澎湖人民分由大陸遷移，自元代列入版圖，明葉淪為海盜、倭寇之藪，漁、農、陸民，仍依大陸之舊有風俗。嗣經清室二百年經營，士食舊德，農服先時，熙熙然順帝之則，遂成習俗，長保大陸民風。繼日軍據澎，殖民五十餘年，諸多法令壓迫，而皇民化之毒尚淺。迄勝利光復，重歸祖國，和中華民國新時代之生活

日益進步，其淳樸舊風仍永保於民間。故人民勤奮，生活儉樸、忠厚純良、守紀守分，而違法犯法者罕矣。此余擔任澎湖地方法院檢察處首席時親身所體會，深望澎湖旅台各鄉親們應本固有美德，將勤儉之風擴大全國，則社會更祥和而安樂。

二、海洋廣闊，資源優異：澎湖雖為彈丸之地，然而群島分佈範圍，南北長約六十餘公里，東西寬約四十餘公里，內部環水成湖，外界海疆遼闊，計有六十四島嶼，面積為一二六・八六四二方公里，故澎湖集島嶼而成縣治。因位於台灣海峽之中央，接攘海洋水域最廣，群島海岸線之長為沿海九省之冠，亦台灣本島各縣市所不及，所以號稱「海上樂園」，也正是天然的「海洋博物館」。至於資源方面種類固多，惟以出產文石聞名於全世界，由於產量稀少產地僅澎湖及義大利西西里島兩地，是以產品極為名貴。倘進一步研究開採，遠景樂觀。又聞澎湖淺海試養珍珠成功，經送日本鑑定，品質達國際標準。況全世界祇有八處生產，而亞洲也只有澎湖和菲律賓東方二處生產此種「黑蝶貝」。今澎湖既出產淺海養珠貝，同時養殖技術又研究成功，相信將有開闢一條極具燦爛前途的養珠事業。願澎湖旅台同鄉踴躍投資，共同努力推展。

三、歷史悠久，地勢險要：澎湖是中華民族在台灣地區最早開拓移殖之地，也是當初大陸人民渡海來台的跳板，自元代至元十八年收入版圖，設巡檢司迄今七百年，比台灣自永曆十五年鄭成功復台，早三百八十年，可見澎湖在台灣開拓史上最早。澎湖扼制台灣海峽的咽喉，不但是台灣的門戶，尤其是大陸海防的重鎮。其戰略位置價值，大於經濟生產價值，古代如是，今日尤然。澎湖海岸線曲折是作軍港與漁港的理想基地，加之澎湖水道和台灣海峽，本為「天塹、海險」之地，島嶼棋佈星羅，已成為海軍必守的根據地。以現在海峽敵我形勢上，在澎湖險要島嶼，必須駐紮強大海軍，並配合強大空軍，才能暢通支援金門前線之航道，保障台灣地區的安全。在國際形勢上，台灣是西太平洋地區抵抗敵軍侵略的第一線，而澎湖、金門則為前哨站，是以澎湖軍民始終為抵抗侵略的先鋒。

總之，澎湖地位險要，人民勤奮，資源優異，為求積極開發澎湖，建設澎湖，拓展澎湖觀光事業，使澎湖成為真正的「海上樂園」，冀望澎湖旅台各鄉親們群策群力，為發展桑梓而共同努力。

二五、蕭姓源流與宗派序

喬木發千枝，豈非一本；長江流萬派，總是同源，自混沌初開，乾坤始奠，兩大間人類，雖有千萬之不同，要皆炎黃之子孫也，蕭姓之族亦然。蓋蕭姓之受姓立族，上溯源於黃帝，又其曾孫帝嚳次妃簡狄，祈於郊禖，吞鳥卵而生契，契為殷湯王之，亦黃帝十八世孫，湯以武功具成就，故曰：成湯。娶有莘氏生子太丁，並在位三十祀，商殷起焉。所謂：天降玄鳥，降而生商者，此也。

自湯武革命成功立國，傳統二十有八主，至紂始失國。周公攝政，封微子於宋，以奉殷祀。微子以子名中早世，嫡孫腯年幼，乃立弟衍，是為微仲。微子十三世孫叔大心，因南宮之亂，以師平之有功，食采於蕭，因以蕭為氏，此吾宗發姓之攸始也，亦吾敘述源流之所自云。

蕭氏自微子啟始至雅公止，凡八十六世，計有：河南宗派、沛郡宗派、蘭陵宗派、豫章宗派、武寧宗派及湖廣興國宗派等一脈流傳，綿延不息。茲分述如後：

首為河南宗派：蕭氏出自微子，而微子受封於宋，在今河南歸德府商邱縣，古名睢陽亳邑，則漢之沛梁，楚之彭城、山陽、濟陰、東平及德昌、壽張，皆其統也。故微子以下十二世，皆以河南宗派括之。

其次為沛郡宗派：叔公字大心，因封於蕭而得姓為第一始祖，在今江蘇蕭縣，古屬沛郡名龍城，自大心公以下三世，皆居於此間，另有居豐者，皆統於沛郡，故為沛郡宗派。

其三為蘭陵宗派：何公曾孫彪字伯文為諫議大夫，因出仕始遷蘭陵，是為蘭陵宗派之祖，漢望之公任太子太傅，雖徙於杜陵，其孫詔公仍回蘭陵。晉時整公為淮陰令，過江居武進縣為南蘭陵。齊、梁兩朝雖居建康，而其宗派仍為蘭陵。歷陳、隋至唐遷徙不一，皆分自蘭陵，仍以蘭陵賅之。

其四為豫章宗派：五六世悟公因知吉安府泰和縣事，家於南城，為豫章宗派之祖。悟公主倣為唐相，倣公生廩，廩公字富厚，累遷尚書佐僕射、太子少師，故悟公至廩公，俱為豫章宗派。

其五為武寧宗派：五九世益公為南州團練推官，宗乾德二年，因出仕徙居武寧，生子二：曰模、曰範。模公居下蕭紅岩下，範公則居南衢，故自益公至十四世（七三世）一彰公，則為武寧宗派。

其六為湖廣興國宗派：七四世雅公行慶七郎，由下蕭紅巖遷湖廣武昌府興國州黃橋洪坪市，為興國蕭氏始祖，故雅公以下則為興國宗派。其子孫因遷徙而分支遍佈州、縣境內或境外之鄰縣、鄰省，甚至海外不一，第八世（八〇世）公隆公號龍潭，於元代至正三年避紅巾亂，由黃橋火場徙居龍潭河東長崙嶺山下，土名老屋場，約八代即子孫蕃衍，村落棋佈。十六世（八八世）季琳公字梓木，由龍潭遷上陽辛鍾山茨林坑。二十世（九二世）世仙公字升凡及長兄世儀、二兄世任、四弟世佾於康熙間一同由鍾山遷河南畈（即今阮家畈），傳至二九世（一〇二世）耳孫緒賀字星禧單名欽，於民國三十八年秋由大陸雲南飛海南隨軍東渡台灣，並由軍轉政，致仕後寄跡台北。

蕭姓，係大哉中華望族之一，康太宗曾賜詩曰：「漢朝丞相系，齊梁帝王孫。」故族中代有賢人輩出。一世祖大心公以一介平民，因宋大夫南宮萬弒君閔公，而仗義率師伐之有功，封邑食采以還，至三世史公字秉直，以簫引鳳凰與妻弄玉同登仙界，千秋傳為佳話。十七世繁公名不疑字廣侯，以天性智慧，才德兼優，為楚相春申君上客之殊榮。二一世何公字大德，佐沛公成漢帝業，拜相國酇侯，為名臣三傑之首。而功在朝廷。四六世衍公字叔達，因博學多通，有文武才，累遷進爵封王，改國號梁，在位四十八年，卒稱高祖武帝。四七世統公字德施，生而聰明絕倫，辯論五經，五行直下，過目皆憶，並寬和容眾，性至孝，善屬文，著有文選三十卷，作陶詩集序，卒謚：昭明，名垂千古。四八世?公出仕雍州刺史，蓄財下士，招募勇敢，太清二年侯景亂，乃通魏，魏立為後梁王，繼稱帝，在位七年，卒稱後梁中宗宣帝。四九世巋公，因父崩嗣立，改元天保元年，壬午崩，在位二十四年，稱為後梁世宗明帝。五十世瑀公字時文，好經術，累遷御史大夫參議朝政，尋拜太子少傅。唐太宗以武德之季有讜言，賜詩曰：「疾風知勁草，板蕩識忠臣。」嗣後圖功像於凌煙閣，享年七十有四，謚曰：貞褊。為八葉之首，堪稱勳留朝廷，福壽雙全也。五一世鈞公有才譽，為諫議大夫。因盧文操盜庫財，唐高宗欲治死罪，公曰：「若是則天下謂陛下重貨輕法。」上曰：「真諫議也。」遂詔免死，並遷公為僕射同平章事，為八葉之二。其讜言效君，不愧良臣也。五七世倣公字思道，累遷為中書侍郎同平章事為相，再遷司空封蘭陵縣侯，享年八十有八，為八葉之六，真老功侯也。至興國宗派第一世（即七四世）雅公行慶七郎，宋例封正議大夫。第二世（即七五世）惟寧公行大五郎，因與子文彬同舉義兵有功，官封大常寺博士贈將仕。而文彬公亦官至大常卿贈十一將仕郎。第五世（即七八世）成公行千二郎，係宋理宗三年進士，授四川漢州知州，著有政聲。

以上歷代之祖先，或帝王、或丞相、或諫議大夫等，其豐功偉績，炳耀千秋，若廣及全族之功臣名仕數以千萬計，不勝枚舉，真乃各領風騷數百年也。至其克紹箕裘，光宗耀祖，蕃衍吾族，有益後昆，當無涯涘。

本（八）屆族譜，因境遇之不同，修成罪艱，有鑒於重在文字敘述，記載紛繁，為期分支系統一目了解，特編蕭氏源流與世系一種，並將有關族規、禮儀及派行詩等置於篇後，俾族人參閱，並期望後代昆季，賡續纂記，以資流傳永遠於不息。茲當編纂竣工付梓，特為之序。並續成七律一首，原旅臺支系胤嗣，謹記勿忘。日後凡能背誦者，即知為湖廣興國宗派支分台灣之後裔，應視同支一脈之親人也。詩云：

戎馬匆忙出遠方。修文偃武樹倫常。

年深客地猶原籍。日久僑居即故鄉。
夕惕朝乾思祖訓。晨參晚供薦馨香。
蒼天浩廣祈垂蔭。蓬島支分世熾昌。

旅台裔孫蕭　欽星禧敬撰

中　華　民　國　八　十　七　年　七　月　吉　日

二六、愛國詩歌之發展演講詞

詩言志，歌永言。以在心為志，發言為詩。古人常以詩歌來表示其志節與抱負。昔愛歌之名作者，陶淵明不願為五斗米折腰，歸隱林泉，其作品多為描寫山水田園之樂，故時人稱他為田園詩人，其志節高潔，崇尚自由，令人尊敬。陸放翁之豪情盛概，滿懷忠愛，發抒其愛國情操，故稱其為愛國詩人，為後世所崇仰。岳武穆自幼受母親「精忠報國」之訓誨，以「滿江紅」一詞，足以表其忠昭日月，冠絕千古。又文天祥之富貴不能淫，威武不能屈之志節，以「正氣歌」之時窮節乃見，凜然浩氣，真是名垂後世，萬古流芳。

詩歌在平時可以怡情養性，調劑生活。在戰時則可以鼓舞士氣，壯大軍威。由是足知詩歌之為用大矣！今日國步艱屯，世事多變，以之宏揚詩教，匡正人心，而使潛移默化之功，淬礪中興之志，更是一股無形而堅強的力量。所以當今詩人應如何鼓吹三民主義統一中國，恢宏中華固有之文化，激揚大漢之天聲，團結全民，一致愛國、報國、進而復國，則拯大陸同胞於水火之中，登全民於衽蓆之上，更是我們詩人所應負的使命，也是無可旁貨的責任。

國旗頌　蕭　欽

白日青天正義旗，光芒萬丈漢威儀。凌空一幟飄飄舞，帶礪河山復舊規。

貫徹以三民主義統一中國頌　蕭　欽

主義三民貫，中華大國風，江山歸一統，仁政萬邦崇。

大綠蕚梅　蕭　欽

蕚以霜天綠，芬從雪地清，冰心存一片，毋懼苦寒生。

貳、誄　文

甲、行狀事略

一、鄧故監察委員蕙芳女士行狀

女士系出南陽鄧氏，諱蕙芳，別號愛明，革命先進鄧樹田公之女，先烈夏重民之德配也。以民前廿一年九月二日生於嶺南東莞縣福隆鄉。

女士幼聰穎異常兒，賦性剛毅沉潛，喜讀英豪列傳，慕遊俠，尚忠節，於歷代興亡存廢幾微，涵濡日久，故能明辨是非，驍勇過人。女士初就讀廣州美術女校，勤學好問，屢列前茅。

清末，國勢阽危，　國父倡導革命，其先君樹田公熱情洋溢，贊助　國父輸財輸力。太夫人楊氏亦富革命思想。乃兄鄧武且早加入同盟會，為一領導東莞獨立之革命英雄。女士與其姊薰苑、妹蕙文、弟鄧飛，皆追隨　國父致力反清運動，出生入死。而外祖父楊安公，允文允武，曾追隨洪秀全奔走大江南北，女士嘗引以為榮。又堂兄鄧耀、鄧九，皆加盟革命，廁身香港警界，暗助革命工作。女士初與革命志士夏重民在滬締結鴛盟，國父親為證婚，倚畀至深。及陳炯明謀逆，重民竟遇害，一門忠烈，固不愧革命世家也。

民前七年，志士夏重民，因與馬達臣、潘信易等，不滿外人奴役同胞，遭清廷監禁，女士隨父兄奔走營救，諸志士終告脫險出獄，當時廣州萬人空巷，高呼萬歲，大快人心。

民前四年，女士隨父兄加入同盟會，聯合地方父老，倡導組織廣東風災、水災、慈善、義賣賑災會，深受各方重視，兩廣總督張人駿親到場主持，黨人謀炸張督，指定女士與鄧武、陳鐵魂及唐拾義等十六人，分別負把風及製彈任務，事雖未成，而革命聲威大震。

民前二年，新軍之役事敗，黨內同志均賴樹田公負交通之責，往返香港廣州間。女士一秉愛國熱忱，到處奔走聯繫，接濟軍需，不遺餘力。

民前一年，辛亥三月廿九日，廣州之役，人懷畏懼無敢認屍者，女士則數度出入血泊中，辯識同志屍體，並策動地方九大善堂具名申請，經核准後密示工人收屍時，囑在屍體分別臂纏白布編號者計七十二具，此實黃花崗七十二烈士成名之所由來也。廣州光復之初，有廣東北伐軍女子炸彈隊之成立，隊長為高劍父夫人宋銘黃女士，鄧女士與徐慕蘭首先響應，加入為敢死隊員，從事實際革命行動，壯志凌雲，不愧巾幗鬚眉！

民國成立，女士膺選廣東省臨時省議會代議士，為亞洲諸國婦女爭取參政權之先聲。旋女士以有功選送日本公費留學，入東京女子音樂學校專攻音樂，遂精琴絃，能譜曲，次年，回粵參加討伐龍濟光，事敗又赴日本。

民國三年，袁世凱稱帝，殘害黨人，　國父在東京重整黨務，改組為中華革命黨，特派女士與黃明堂，劉梅卿、蘇無涯等七人回粵，策動民軍討龍濟光，大義凜然。是年，遵父命與志士夏重民締訂鴛盟。

民國四年，女士先君樹田公暨母楊太夫人與兄鄧武相繼謝世，　國父聞耗，召女士至滬，時夏重民亦在申江任晨報社長，　國父乃假上海環龍路四十四號中央黨部親為主持婚禮，中外嘉賓，交相致賀。其寵眷之殷，為黨史上之所僅見。結婚後，二人相敬如賓，鶼鰈情深。未幾，女士又東渡繼續求學，在校並密助韓國留學生從事獨立運動，國父深表嘉勉。

民國六年，北洋政府解散國會，　國父以護法號召全國，女士一日三奉電召返國，協助「十人暗殺團」，因自製炸彈，不慎爆發，黎公攸、梁綺神二同志受傷被捕，女士恐其暴露實情，乃冒充梁之表妹入醫院探視，護黎、梁脫險　國父獲悉，慰勉有加。

民國七年，夏重民方就廣三鐵路局長兼警備司令之任，而陳炯明謀逆，竟以身殉職。女士適在穗臥病，幾遭不測。夏烈士成仁後，女士堅強奮發，矢志不懈。次年冬，女士在滬密運軍火，支應　國父。

民國九年秋，粵軍回粵，　國父偵知李福林，魏邦平在穗謀響應，乃密令女士赴穗聯繫，達成任務，粵桂次第平定。嗣女士乃從事黨務、教育、新聞及婦運等工作，皆卓然有成。

對日抗戰事起，廣州淪陷，女士痛國難嚴重，乃耑返東莞，號召八鄉父老子弟，從事游擊，舉凡軍糈征募，行軍作戰，輒以身作則，人咸「鄧三姑」稱之。曾於金交椅一役，將來犯日軍全師殲滅，戰果輝煌。時日軍不克打通廣九鐵路肆意進犯，實女士之力也。

民國卅二年七月七日，千餘日軍圍攻太和、石排，鄉民被圍三百餘人，女士率眾突擊，斃敵無算，日寇由是喪膽潰退，而鄉人獲生還者二百七十餘人，鄉黨譽為左良玉再世。我最高統帥獲報，先後頒給義勇、忠誠、中正勳章，可稱殊榮。

民國卅七年行憲，女士以清風亮節，忠黨愛國，膺選監察院第一屆監察委員，守正不阿，耿介自持，歷盡艱險，追隨政府來台，以風憲之任，勤求民隱，糾彈違失，讜論流徽。

女士早歲奔走革命，戮力抗戰、反共雖備力艱苦，而體力康強，足膺大任。來台後案牘躬親、又有喪明之痛，而年齒既增，體力亦漸衰，時感不適，去秋經醫診斷，認有癌症病徵，以高齡不宜手術。今夏入三軍總醫院治療，華誕之日，尚出院參與親友祝嘏，行動如常。然不數日重進醫院，漸感不支，時覺昏迷，病情惡化，雖兒媳孫輩勤侍湯藥，終告罔效。於國曆六十五年十一月廿四日（農曆丙辰年九月初四日）六時卅分與世長辭，享壽八十有六。

女士畢生宣勞黨國，廉潔自持，而身後蕭條，一門孤寡，節烈可風，膝下遺孫男五、孫女二，半已就學成年，蘭桂騰芳，女士宜可以無憾，含笑九泉矣。

鄧故監察委員蕙芳女士治喪委員會謹述

二、先父黃尊萬府君行述代

先考尊萬公於民國廿一年十月廿五日誕生，世居彰化鹿港，出身農家，為人刻苦奮勵，稟性忠誠儉樸，戚友同事無不稱善。

先考於民國四十七年考取台灣電力公司，服務於竹北變電所，爾後即忠於職守，從不遲到早退，堪稱是一位奉公守法之好國民好員工。平日生活嚴謹，樂善好群，尤以技藝精湛，曾於民國五十二、五十三、六十、六十六、六十七年分別獲得公司獎勵。六十八年以服務滿二十年，榮獲獎章；繼於六十九年當選為模範勞工，七十年奉命領隊參與技能競賽，由於表現優異，榮頒金手獎一座。

先考雖只受過小學教育，但刻苦力學，經常廢寢忘食，專研電學，故對電路之精通，不亞於電學專家。蓋先考在台電公司任職以來，任勞任怨，認真負責，多次於颱風來襲，為搶修配電，險遭喪命，而猶堅守工作崗位，毫不怠惰，其公爾忘私精神，深獲公司員工敬佩。

先考待人友善，鄰居每有困難非常樂意相助，熟識之人無不稱道並推崇之，對我兒輩嚴管善教，時時勉以謙和，做事要盡責。現四昆仲皆在學，老大修學台大造船系，老二肄業中興地政系，老三在高雄醫學院專研醫學，老么尚在高中就讀。由此可知，先考重視教育之一般。先考與吾母恩愛逾常，體貼有加，是一位標準之好父親、好丈夫。

先考體格素健，惟忙於公務，致積勞成疾。自發覺患病後，對公務仍勤勞負責，絕不稍懈，至病重臥楊榮民總醫院三月中，經常追問公司單位公務瑣事，狀至垂危時，猶記掛在心，不忘於懷，以此敬業之情操，實令兒輩無比欽敬。由於病情日趨嚴重，終於十一月四日上午八時與世長辭，享年五十有一。迄今思之，不禁愴感心懷而涕淋也。

綜觀先考一生，為國家社會貢獻良多，尤其對公司之戮力以赴，至深且鉅。其立身處世之態度，堪為後代之典型；其鞠躬盡瘁之精神，更值得世人所效法。

先考大去，悲痛填膺，苫塊餘哀，不知所云。而所陳述之點滴，未足以罄先德之行狀耳，謹泣告。

不肖男　泓雯　躍雯　泓斌　泓琳　泣述

三、先父蕭公安行大人暨先母梅太夫人事略

先父諱唐遂字安行，生於民前十三年正月二十九日，籍隸湖北省陽新縣，世居陽辛鎮阮家畈。先祖父香室公生子女六，父行四，十餘歲入塾啟蒙，讀四子書、經書及日常應用雜文多年，時二伯凱南公方學業有成，年廿餘逝世，先祖父乃嚴督先考繼志勵學，以壓力過重，逃至縣城，意圖出外創業。卒為善心老人勸歸，先祖父詢明原委，不惟未責罰，並嘉其志曰：「是猶龍之奔江也。」先母梅珠氏，生於民前十六年八月二十四日，為同鎮小河梅姓望族，先外祖父母出子女六，母氏最小，待及笄來歸，即成家自立，此後父母同心協力，殷勤耕織，父除日出而作，胼手胝足外，雨餘則為人彈棉製被；冬餘則塑造磚瓦，技藝均精；夜餘以習武健身，頗見功力，假日則約同好上山狩獵，或獵物兔、鹿、野豬等，予以加餐。母氏除親操井臼，主持中饋外，暇則紡棉績蔴以添製衣物，

或飼豬養雞而賺取孳息，經數年共同苦心奮鬥，家境漸豐。雙親出吾姊弟四，姊冬盡出嫁，弟庚與跑均早夭，是以父母一心專注於余之培育也。

父自幼聰慧，智慮過大，少時，書法勁秀，允推同學之冠，嗣精練武術，能敵數人。一生清廉，處事正直，急公好義，出力出錢，購糧施賑。望重一方，倘村里有糾紛事件，所到無不為之排解止息；又常冒險犯難，如綁匪之擄人，日寇之侵凌，均奮勇交涉營救，且不居功，事成身退，為故里鄉親所樂道也。母氏和鄰睦族，積善好施，內助之功，有足多者。

父敬重塾師，束脩獨厚，為余課督之勤也。入中學時，父不辭長途跋涉，販賣乾菜雜貨獲利繳交學費。嗣遠行升學，訓以謙和待人，讀書報國，立身處世，務實存誠，於余之殷望亦可知矣。

三十六年政局遷變，父仍堅持素願，燒製磚瓦，籌建學館，囑余還鄉之日，以便教育鄉里子弟，其用心之苦，與計慮之深，亦可概見。時余遠遊在外，既不得歸養，亦莫克踐其志，能無抱慟終天耶？

三十八年秋，父雙目失明。三十八年冬，姊夫楊道眾病故，以兵燹浩劫，余與家中無法連絡，隨政府轉進來台灣。

六十八年始接家書，悉三十九年二月，姊冬盡以室空如洗，又有五小女嗷嗷待哺，不得已再醮招劉會洪君為夫婿，共謀生活。四十一年秋，父母以財產全失、生活無依，流落乞討幾閱月矣，其慘狀寧忍聞耶！母原即體弱，繼遭傷害，嗣以患重傷寒症，於四十六年十一月廿五日逝世，享年六十有三。從此父頓成鰥獨之人，幸賴姊與姊夫迎養，但由於心創大多，憂鬱過甚，耳為之聾，目為之瞶，連年臥病而不能起行飲食者幾三十載，晚境之痛苦煎熬，誠不堪聞問也！自此逐年匯錢補助，生活稍獲改善。

七十六年，海峽兩岸可通信往來，父聞之，亦喜亦憂，喜者苦盡甘來，父子會面有期，憂者以公職限於禁令，望子難歸。七十七年初春，父親九十嵩壽，匯款由姊氏代為祝壽，並撰聯遙祝云：「四十年異地遠遊，深慚子職；八千里撰聯祝壽，謹表孝思。」父悅之。

父於同（七十七）年六月間患高血壓症，神智漸昏，有感於病痛纏身，思子心益切，甚至連天直喚兒與孫之名，望眼欲穿，終不得見而抱憾！豈知兒尤苦痛在心，奈何！奈何！又念姊與姊丈亦將屆古稀之齡，侍奉湯藥，飲食等越三月，所受折磨亦多矣。父卒於九月十五日（農曆八月初五日）下午九時卅分與世長辭，享年九十有一。

不肖男緒賀單名欽，憲校專修班五期、政大行專一屆，由憲兵校官外調總統府荐任科員，旋轉任監察院科長兼副院長辦公室主任，現擢升簡任編纂；媳黃靜儀原籍廣東鶴山，係越南華僑；長孫舜予譜名榮本，就讀國中；長孫女越華高商二年；次孫女梅華國小三年，稍慰傳宗有繼。女冬盡先適楊道眾，因病逝，再醮劉會洪，外孫女五及外孫一，皆各自成家，現均在大陸。

今不孝遙隔海天，生不能奉養以終，歿不能撫棺一哭，哀慟逾恒，曷足以紀其行述；聊敘其生平，亦無以表其潛德，而贖不孝之罪於萬一也。

孤哀子緒賀（欽）泣述　79、2、5修正

四、先父郭公燦輝大人行狀代

先父郭公諱志能，字燦輝，別號顯才，原籍四川省營山縣人氏。生於民國十五年七月四日。自幼天資穎慧，迥異常童。二十九年秋考入縣中，以高分畢業，薦派縣立小學任教二年，迭獲好評。

先父基於日閥侵華，以國家興亡，匹夫有責，故而立志從軍，毅然投入青年遠征軍──憲兵第七團教育營，訓畢，分派憲兵十五團，由江西贛州轉進台灣，旋歸編於憲九團，調團本部政治室工作，先後隨團移駐基隆、屏東、台南各地區，工作認真負責，屢獲長官嘉許。尤以愛好運動，四十一年夏在屏東，聯合有志弟兄，組成挽瀾籃球隊，與台灣中、南部友軍及社會機關團體，以球會友，增進軍民情誼，卓有貢獻。球隊叔伯今雖已星散，但四十餘年來依舊緊密連繫，情深義重，如手如足。

先父以服務成績良好，特保荐憲校專修學生班第七期受訓，卒業後升少尉調查官，分派調二組（隊），前後於金門、台中、南投、桃園各地工作，六十四年，於少校副組長任內，限齡退役。先父功在國家，獲頒寶星、景風、弼亮暨忠勤一星等勳獎章之殊榮。

六十六年五月應英商吉時洋行總顧問周漢成將軍之推荐，受聘為該洋行駐台灣中部地區福利品供應部顧問，對業務拓展，貢獻至大，雖年屆退職，公司一再情商延聘，任職計達二十年之久，非偶然也。

先父精神體力一向甚佳，不料於今春偶生感冒，突然轉劇，先後經中、西醫診治，發現為肺癌末期，已至膏肓，藥石罔效，不幸於三月二十四日下午二時四十五分與世長辭，享年七十有三。

五十年秋，先父與母氏黃月娥結褵以來，一向夫唱婦隨、鶼鰈情深，出吾姊妹三人，姊貞余，適陳育文，夫妻恩愛，育外孫女陳冠樺，聰明活潑。妹姿佩雲林工專畢，擬續升學，不孝男俊甫於中洲專校畢業後，現從事資訊工作，均能自立，且母慈及兄妹親愛，一家和樂，也足以告慰　先父在天之靈。

綜　先父一生，智慮貞純，正直仗義，公忠報國，奉獻犧牲，更誠以待人，嚴以律己，深獲長官之器重，同仁之愛戴，社會之好評，不愧為軍師民保，表率群倫之中堅，永為吾姊妹尊仰與師法，撫今追昔，不勝哀慟！

孤子俊甫　泣述

五、先室梅映萍女士事略代

夫人姓梅名映萍號蓼文。原籍湖北省黃梅縣梅家埠人氏。其先父景超公係陸軍軍需學校生，於軍政部第四廳陸軍軍需上校主任秘書，告老還鄉。其先母余氏主持中饋，以相夫教子為職志。

夫人童年家教良好，姿質優異。卅二年夏，在教育部特設計政專科結業，即參加考試院乙等計政人員特考及格。續經財務人員訓練所訓畢，奉分發財政部國庫署主計室初任薦任科員。是時烽煙四起，大陸沉淪，卅八年隨政府轉遷來臺，另謀臺灣省政府主計室工作，嗣歷任省立中興醫院、省屬電影製片廠及省菸酒公賣局等機構主計室主任，服務公務員共三十年。基於夫人稟性誠純，待人處事，不忮不求，與人無忤，至誠至善。為政府嚴格執行預算，使因應公需裕如，不辱使命，並榮獲政府頒贈（一等獎章）鼓勵。又夫人虔信基督，長期受禮拜誦經之陶冶，親和容眾，樂於濟助，尊長上、友僚屬，有賢聲焉。榮獲公賣局頒贈（模範母親）獎狀表揚。俗云：「好人獲好報。」誠不謬矣。

初識夫人，始於陪都重慶市同在財政部服務時期，未幾，余入國立東北大學，畢業後即參加考試院全國性公務員高等考試及格。卅八年隨雙親渡海來台，奉派至監察院服務，我倆雖因時勢分開彼此仍相互聯繫緊密，歷八年之愛情長跑，情深誼厚，兼以余之位階漸高，待遇優渥，當以結婚時機成熟，在某次邂逅會面中余提出求婚之懇請，未料欣然允諾，隨後各自稟報父母首肯，即商定四十年五月廿五日為結婚良辰。兩姓雙親喜悅，戚友群相賀之，場面熱鬧隆重，幸福奚如。婚後陸續兒女出世，所以夫人立即擔負外為國家公務員，內為相夫教子主持中饋雙重職責。但夫人縱以公務與家私紛繁，嚴守涇渭，井然有條。余間有襄輔，助益不大，夫人忍勞耐苦，毋怨毋尤，殊為敬佩。並對余飲食起居照拂，無微不至，使余專心從公，迄今年高神奕，咸賴夫人善於調護之功也。

夫人與我，互諒互敬，休戚相關，情深鶼鰈。又余在監察院以簡任十三職等參事致仕，服公職四十年。是以我倆各領有優厚之退休金，足以頤養天年。況子女對我二老虔敬純孝，常利用休暇輪流陪同往餐廳團敘，以至國內郊遊和國外觀光，身心愉悅，深感於心。

夫人與余，共出子二、女二，及子生孫二。長子拱北，畢業於國立政治大學數學系，現任職美州政府精算師。長媳馬一帆，中國文化大學畢業，隨夫赴美，現執業會計師服務社會。長女拱福中國文大經濟系。現在戲曲專科學院負責行政工作。長女婿張瑞德，係成功大學畢業，現任中國文大教授。次子拱恒，係國立台灣大學法律系畢業，現任中央健保局組長。次媳陳淑麗，國立台灣師專畢業，老師退休後專管家務。次女啟華，在美奧勒岡州立大學獲教育與電腦雙碩士，現在美蘋果牌電腦公司服務。次女婿姜日俊，為美奧勒岡州立大學電腦碩士，現在美電腦公司工作。長孫智厚，於美學成後現在美加州政府工作。次孫仁厚，尚在國內求學中。

夫人映萍女士，身體素稱康健，但於九十三年間，在教堂禮拜後返家途中，不慎被行車撞傷，速送醫院診療後為輕傷，即回家休養，其時因無專人看護，不小心又摔一跤，經醫師檢查，係患「帕金森氏症」，嗣臥病醫院長達一年有半，藥石罔效，卒因病情加重，不幸於本（九七）年六月廿七日上午五時十分，突然瞑目無語，急呼不應，迅請院醫檢視，脈搏停止，證實已往生，遂而安祥辭世，距生於十二年元月五日，享壽八秩有六歲。是時余率子女等同侍在側，頓覺晚年喪偶，不勝悲慟之至，兒女等頓失瞻依，亦隨之號泣滿眶淚雨而下！諸鄉、學、世、寅、戚、友等，聞耗相繼奔臨弔唁，無不愴然神喪！嗟夫！世所謂：淑媛、賢妻、良母、女中楷範者，先室足以當之。

綜上所述，先室志行高潔，和諧待人，勤儉持家，忠誠報國，膝下桂馥蘭馨，且擁榮譽於一身，享壽考飾終，可謂福壽全歸。並恩召主懷，名列仙班，亦應含笑於天國。

余以悲慟傷懷，口述無狀，不盡所言，敬祈諒宥。

護喪夫黃立德拭淚口述

六、故陸軍步兵少校袁觀漁事略

——本文限一二〇字——

故袁觀漁少校，陽新人，父從商，弟妹七。家業盛，私塾九年。入伍憲兵，參加徐蚌會戰。陸官校畢，歷任排連長參謀等職。曾戍守金馬，並獲忠勤勳章等獎。退伍，受聘聯勤工廠及中正學院。與妻情深，子二，精幹善良。平生廉，待人和。喜詩書、二胡、平劇。著有回憶錄。飾終令典。頒旌忠狀，覆蓋黨旗。生歿俱榮，應含笑九泉。

乙、祭文

一、司法院田故院長炯錦（雲青）先生祭文

～致祭者：監察院

緊維先生　黨政津梁　清廉簡樸　績學含光　等身著述　政法弘揚　才猷卓越
學富用臧　初膺監委　憲制草創　建言肅政　早樹典章　抗戰軍興　柏臺迴翔
勤蘇民困　風憲斯張　逮及行憲　復賴匡襄　揚清激濁　力贊中央　迭膺艱鉅
懋績昭彰　積勞仙逝　儀態安詳　先生德業　青史流芳　英靈不遠　來格來嘗
伏維尚　饗

二、陳故監察委員訪先先生祭文

（一）、公祭者：治喪委員會

維

中華民國六十五年二月十九日治喪委員會主任委員余俊賢副主任委員楊亮功、周百鍊、金維繫、方治暨全體委員等謹以香花菓醴之儀，致祭於

陳故監察委員訪先先生之靈曰：

江淮炳靈　篤生睿哲　聲譽早騰　桌然芳潔　毅請母命　東瀛負笈　聆訓　國父

頓開茅塞　志堅入黨　情殷報國　身居異邦　亟圖興革　外禦強權　內除軍閥

迭膺重任　屢建嘉績　化雨宏施　豫川授業　挽救青年　崇正務實　抗戰軍興

專司賑卹　搶救災黎　幾廢寢食　當選監委　官常肅飭　不畏權貴　風威卓立

綜計生平　訏謨有赫　極峰嘉勉　勳標簡冊　木壞山頹　遽傳易簀　典範長存
高風亮節　奠祭於堂　敬陳芻束　魂兮未遠　惟祈鑒格
尚饗

（二）、公祭者：監察院

維
中華民國六十五年二月十九日監察院院長余俊賢副院長周百鍊暨全體委員職員等，謹以
香花清醴之儀，致祭於
陳故監察委員訪先先生之靈前曰：
江淮閒氣　毓秀騰光　地靈人傑　篤生賢良　八皖望族　世代書香　少懷大志
壯遊東洋　榮獲學位　溝壑不忘　涉艱履險　歷盡風霜　忠黨愛國　兩授勳章
繩愆糾謬　風憲肅彰　胡為一疾　遽赴仙鄉　敬陳薄奠　來格來嘗
尚饗

（三）、告殮文
～主祭者：治喪委員會～

（起首文簡略）

八皖望族　黨國耆英　膺選監委　望隆聲清　整綱肅紀　輕重權衡　上褒下效
恩威好評　胡為一疾　遽赴騎鯨　緬懷遺範　痛悼老成　獻花晉酒　來格來歆
謹
告

（四）、起攢文
～致祭者！治喪委員會～

（起首文簡略）

先生才貌　智圓行方　先生志學　遠渡東洋　先生功德　永留家邦　為黨效力

為官肅常　恩威矜善　風憲以張　何竟辭世　跨鶴高翔　敬陳薄奠　聊表衷腸

哀哉尚

饗

（五）、告窆文

—致祭者：治喪委員會—

（起首式文略）

靈山縹緲兮烟雨濛濛　八皖望族兮世居江東　頭角崢嶸兮天資穎聰

志慮忠純兮主義是從　平生獻替兮匡濟功隆　勳留黨國兮亮節高風

而今告窆兮落日西紅　靈其安息兮長眠永終

謹告

三、王故監察委員贊斌（字佐才）先生祭文

（一）、致祭者：治喪委員會

維

中華民國六十五年六月二十二日，治喪委員會主任委員余俊賢、副主任委員周百鍊、黃杰、李品仙、劉士毅暨全體治喪委員等，敬以香花菓醴之儀，致祭於

王故監察委員佐才先生之靈曰：

山水甲秀　靈氣所鍾　誕生豪傑　迥然不同　志懷定遠　壯歲從戎　獻身革命

吾黨所宗　領軍千戰　南北西東　救民救國　必信必忠　剿匪抗日　卓著勳功

勝利復員　轉政從公　繼膺國代　制憲功隆　河山變色　憂心忡忡　隻身來台

家室一空　繩愆糾謬　柏臺績豐　贊襄樞府　淬礪反攻　方資倚畀　遽爾考終
朝野矜式　亮節高風　敬陳祭典　聊盡微衷
尚饗

（二）、監察院公祭文

維
中華民國六十五年六月廿二日，監察院院長余俊賢、副院長周百鍊暨全體委員、職員等，
敬以香花菓醴之儀，致祭於
王故監察委員佐才先生之靈曰：
嗚呼先生　黨國精英　才識遠大　器宇恢宏　戰區組訓　甲帳談兵　旋膺國代
制憲遵行　敬恭柏署　節勵冰清　建言立德　卓著令名　論人衡品　達度豪情
養身樂道　澹泊無爭　何期一疾　遽爾辭塵　愴懷致祭　薦以芳馨
尚饗

（三）、告殮文

（首部同前略）

緊維先生　奮起戎行　忠愛黨國　效命疆場　復員行憲　參贊中央　清廉耿介

柏署早揚　剛直讜議　整肅官常　哲人仙逝　親友悲傷　飾終惟禮　以周以詳

靈其不昧　來格來嘗

謹告

（四）、啓靈文

（首部同前）

先生治軍　嚴飭紀綱　先生尚武　內柔外剛　先生參政　整官肅常　先生品德

清正忠良　為黨為國　以導以匡　恩威矜善　風憲以張　靈輀將駕　素旛飄揚

望棺憑弔　鑒此馨香

尚饗

（五）、告窆文

（首部同前）

蓬山喬木　縹緲葱蘢　滬尾壯闊　坦蕩心胸　先生豪邁　亮節高風　在軍在政

人傑人龍　登山卜葬　喪禮哀隆　牛眠吉穴　佳城偉雄　山神呵護　秀毓靈鍾

於焉安息　默相蒼穹

謹告

四、陳故監察委員江山（字漢崑）先生祭文

（一）、治喪委員會公祭文

維

中華民國六十五年九月廿五日，治喪委員會主任委員余俊賢、副主任委員周百鍊、王玉雲暨全體治喪委員等，敬以香花菓醴之儀，致祭於

陳故監察委員漢崑先生之靈曰：

緊維先生　蓬島之英　南臺望族　家道豐盈　旁通病理　志切行仁　扶桑深造

學粹術精　懸壺濟世　惠澤長榮　名揚海外　德著鯤瀛　醫術餘事　愛國尤誠

胸懷大志　囹圄陷身　台陽光復　事列忠貞　卅七年夏　風憲職司　歷廿八載

廉潔自持　建言興革　仗義無私　發揚醫學　創校捐貲　英才作育　教化宏施
積勞成疾　遽爾騎箕　國喪耆賢　民失良醫　踉蹌致祭　無盡哀思　敬陳香菓
靈其來茲
尚饗

(二)、監察院公祭文

維
中華民國六十五年九月廿五日，監察院院長余俊賢、副院長周百鍊暨全體委員、職員等，
敬以香花菓醴之儀，致祭於
陳故監察委員江山先生之靈曰：
　嗚呼先生　和靄近人　早研醫術　樂善行仁　繼遊日本　窮研病因　發揚醫學
創校捐銀　術紹歧黃　愛國情真　計脫日治　轟動四鄰　枉捕下獄　備嘗艱辛
抗戰勝利　聲望大振　克膺風憲　化美俗淳　探求民隱　惠澤群倫　胡為一疾
遽爾捐塵　愴懷致奠　菓醴奉陳　神其不昧　來格來歆　尚饗

五、鄧故監察委員蕙芳女士祭文

(一)、治喪委員會公祭文

維

中華民國六十五年十二月八日，治喪委員會主任委員余俊賢、副主任委員鄭彥棻、張維翰、周百鍊、鄧定遠、胡木蘭暨全體委員、職員等，敬以香花菓醴之儀，致祭於

鄧故監察委員蕙芳女士之靈前曰：

緊維女士　巾幗英豪　南陽望族　家道富饒　精通樂藝　和寡曲高　賦性沉毅
柏節松操　革命世系　早受薰陶　追隨　國父　屢奉電招　冒險犯難　武略文韜
反清護法　掀起怒潮　助韓抗日　智足勇驍　撫孤守節　慈愛心勞　女權參政
國際名標　奇勳偉績　殊譽寵褒　木蘭再世　紅玉並驕　婦運教育　惠澤同胞

職司風憲　懋績孔昭　胡為一疾　遽爾容銷　國謳懿範　女頌節旄　踉蹌致祭
毋盡哀號　靈其未遠　鑒此香醪　哀哉
尚饗

（二）、監察院公祭文

維
中華民國六十五年十二月八日，監察院院長余俊賢、副院長周百鍊暨全體委員、職員等，
敬以和花菓醴之儀，致祭於
鄧故監察委員蕙芳女士之靈前曰：
時維十月兮序屬孟冬　西風蕭颯兮竟謝清容　幼懷大志兮智勇恢洪
憶昔革命兮風起雲從　爭取參政兮女權先鋒　屢建偉績兮功勳崇隆
職司風憲兮讜論至公　一門孤寡兮節烈可風　敬陳薄奠兮聊表哀衷
靈其安息兮臥伴蔥蘢
尚饗

(三)、告殮文

(首部式略)

緊維女士　蘭蕙芬芳　忠愛黨國　效命疆場　復員行憲　參贊中央　清廉耿介
柏署早揚　剛直讜議　整肅官常　女宗仙馭　親友悲愴　飾終維禮　以周以詳
靈爽不昧　來格來嘗
謹告

(四)、啓攢文

(首部式略)

女士守節　乃從夫綱　女士撫孤　奮發自強　女士參政　女權是倡　女士革命
驅清滅洋　為家為國　奮勇匡襄　仁慈淑善　節烈昭彰　靈車將駕　素旗遠揚
望棺憑弔　鑒此馨香
尚饗

(五)、告窆文

(首部式略)

牛眠卜吉　臥虎允宜　風昭烏府　貞烈勒碑

女宗已逝　永企坤儀　登山致奠　長繫哀思

謹告

六、曹故監察委員啓文（漢章）先生祭文

(一)、治喪委員會公祭文

維

中華民國六十六年四月十二日，治喪委員會主任委員余俊賢、副主任委員周百鍊、暨全體委員、職員等，敬以時羞清酌之儀，致祭於

曹故監察委員漢章先生之靈曰：

緊維先生　西北先驅　潛研主義　救國以須　領導反共　振臂疾呼　勤求深造
負笈京都　新疆黨務　開拓堪虞　先生受命　責鉅心愉　連年戰亂　飢渴與俱
或蘇民困　或募民糈　或籌民具　或築水渠　以利工牧　以惠農夫　邊陲民族
風俗特殊　創校務急　教育覃敷　巡方督察　政績宏模　河西走廊　國際通衢

號召民團　保衛邊隅　提名議長　尊老謙虛　勤襄議政　名位不居　指陳國是
讜論雄圖　追隨政府　遠渡方壺　共赴國難　力贊中樞　志謀復國　節見嘉謨
神其來格　有酒盈觚
哀哉尚饗

（二）監察院公祭文

（首部式略）
嗚呼先生　黨國精英　宅心人厚　剛直通明　清廉耿介　刻苦平生　力學不倦
主義是行　新疆議席　政績恢宏　農工商學　同頌仁聲　獎掖後進　約己囊傾
柏臺正論　志切收京　愴懷致奠　敬薦芳馨　靈其不昧　來格來歆
伏維尚饗

七、周故監察委員財源先生祭文

（一）、治喪委員會公祭文

維

中華民國六十六年六月二十五日，治喪委員會主任委員余俊賢、副主任委員周百鍊、徐慶鐘、戴炎輝、林挺生、易勁秋暨全體治喪委員等，敬以香花菓醴之儀，致祭於周故監察委員財源先生之靈前曰：

嗚呼先生　鯤島精英　幼而聰慧　志學好評　醉心農技　苦學有成　早膺徵聘
頭角峥嶸　台灣光復　受令宣勤　專司特產　推廣功宏　民生改善　澤被蓬瀛
謳歌永念　卓有名聲　繼膺議士　大顯才能　蟬聯輔佐　竭盡股肱　躍登柏署
翊贊中興　勤採民隱　歲月如恒　積勞成疾　忽報遐昇　盈庭蘭桂　競相飛騰

古稀待晉　齒德俱增　靈其不昧　酒醴陳蒸

尚饗

（二）、監察院公祭文

（首部式略）

繄維先生　議士中堅　為民謀福　不休不眠　建言肅政　不避勢權　人民信賴

歷任蟬聯　登斯柏府　參贊力宣　澄清吏治　糾謬繩愆　勤蘇民困　未息仔肩

胡為疾逝　遽爾登仙　勳留黨國　績著史篇　靈兮未遠　來格來歆

尚饗

八、陳故監察委員恩元（字丙南）先生祭文

（一）、治喪委員會公祭文

維

中華民國六十六年八月廿三日，治喪委員主任委員余俊賢，副主任委員周百鍊、李品仙、石覺暨全體治喪委員等，敬以香花菓醴之儀，致祭於

陳故監察委員丙南先生之靈曰：

緊維先生　黨國耆賢　志存匡濟　習武壯年　民國肇建　投效逸仙　參加北伐

無役不前　猺民叛變　禍首縲殲　繼編保甲　平清蠻煙　抗戰軍興　桂林籌邊

敬恭桑梓　美譽頻傳　勝利還都　實施民權　膺選監委　糾謬繩愆　追隨政府

渡海東邊　中央決策　服膺拳拳　建言肅政　諤諤謇謇　暇耽輿地　靈妙通玄
山川足跡　勝景流連　體勤於國　心志彌堅　胡為一疾　竟赴重泉　蓬山黯淡
親友涕漣　靈其來格　薄奠陳虔　哀哉
尚饗

(二)、監察院公祭文

(首部式略)
嗚呼先生　軍政菁英　雄才遠略　器宇恢宏　北伐抗戰　設帳談兵　桂林主政
懋績有聲　職司風憲　節勵冰清　建言立德　卓有令名　為人胸襟　曠達豪情
餘事堪輿　樂道和平　何期一疾　遽爾辭塵　愴懷致祭　荐以香馨
尚饗

(三)、告殮文

(首部式略)

緊維先生　黨國津梁　枌榆碩望　譽滿一方　從軍從政　卓著事功　繼膺民選
讜論風從　飾終大典　致奠酒漿　親朋咸集　濟濟一堂　盡哀盡禮　妥慎周詳
九原有知　來格來嘗
謹告

(四)、啓靈文

(首部式略)
先生長逝　備極哀榮　飾終盡禮　以妥以誠
靈輀起駕　毋恐毋驚　百神呵道　擁護素旌
謹告

(五)、告別文

(首部式略)
音容頓杳　永隔幽明　式憑靈爽　執紼惟誠

高風碩德　永式儀型　銜哀告別　淚雨交傾
謹告

九、陳故監察委員肇英（雄夫）先生祭文

（一）、治喪委員會公祭文

維

中華民國六十六年十一月十四日，治喪委員會主任委員余俊賢、副主任委員鄭彥棻、張寶樹、周至柔、蕭錚、周百鍊暨全體治喪委員等，敬以香花菓醴之儀，致祭於

陳故監察委員肇英先生之靈前曰：

緊維先生　黨國耆勳　少懷大志　豪邁超群　力田苦學　夙夜惟勤　思潮新進

革命從軍　景暮　國父　立即加盟　智勇兼備　屢握符兵　蔣公總統　交具深情

討袁護法　馳騁忘生　國父柬賞　感佩殊榮　奉為圭臬　報以忠貞　中央執委

連選連膺　服從組織　竭盡股肱　團結同志　發展功能　滌除門戶　卓見同稱

參加草憲　碩畫謨弘　淅皖監使　績著威聲　柏臺風憲　參贊權衡　繩愆糾謬
竭慮殫精　待人和藹　處事以誠　知言必盡　大節必爭　三年臥疾　遽赴騎鯨
殷殷奠念　復國收京　雄夫雄志　朝野同欽　靈其不昧　來格來歆
尚饗

（二）、監察院公祭文

（首部式略）
猗歟元老　革命先驅　英雄氣概　文武全俱　治兵嚴峻　恩參以威　討袁護法
馳聘功宏　先生於黨　一秉忠貞　凝聚同志　卓見高明　為政以德　愛民有聲
勤求民隱　吏治澄清　其處人也　相見以誠　其處世也　大節立爭　糾彈不法
普受好評　胡為一疾　駕返仙瀛　收京建國　至念長縈　靈其未遠　來格來歆
尚饗

十、曹故監察委員承德（秋若）女士祭文

（一）、治喪委員會公祭文

維

中華民國六十七年三月十五日，治喪委員會主任委員余俊賢、副主任委員楊亮功、周百鍊暨全體治喪委員等，敬以香花菓醴之儀，致祭於

曹故監察委員秋若女士之靈前曰：嗚呼！

三原女傑　巾幗英豪　專心勵學　名列前茅　參加革命　領導同胞　留俄返國

參政甄陶　為國為黨　不折不撓　親和簡樸　亮節風高　職司風憲　明察秋毫

糾謬繩愆　宵旰勤勞　橫遭車禍　神體與消　臥榻不起　老成遽凋　愴懷淚灑

致奠豐饒　靈其來格　山遠水遙

尚饗

（二）、監察院公祭文

（首部式略）
緊維女士　秦嶺之英　敬恭桑梓　早著賢聲　霜臺讜論　卓著令名　操持耿直
行潔冰清　體勤乎國　心盡乎誠　胡為一疾　遽爾歸陰　高山流水　痛喪徽音
魂兮未遠　來格來歆
尚饗

（三）、告殯文

（首部式略）
靈棺以宓　永訣終天　追懷懿德　淚湧如泉　名馳烏府　讜議長傳　果醴致奠
聊表誠虔　謹告

(四)、告別文

(首部式略)

人天倏隔　倍感哀衷　寬和謙儉　體國公忠

素車將駕　祭典攸隆　靈其安息　永別高風

謹告

十一、蕭故監察委員一山先生祭文

（一）、治喪委員會公祭文

維

中華民國六十七年七月二十二日。治喪會主任委員余俊賢、副主任委員楊亮功、黃季陸、余井塘、劉季洪、周百鍊暨全體治喪委員等，敬以香花菓醴之儀，致祭於

蕭故監察委員一山先生之靈前曰：

嗚呼先生　學富才雄　聰明天授　氣度雍容　文章華國　志慮純忠　劍橋研究
積厚蘊豐　報刊散誌　經史論叢　清葉通史　中外推崇　上庠講學　教化功弘
襟懷霽月　廣被春風　謙沖雅範　聲譽優隆　國府參政　讜論閎通　機參密笏
政務繁綜　地方樞府　樽俎折衝　堂堂臺諫　默默從公　謙謙君子　矍鑠是翁

胡天不憖　遽訃壽終　鬢宮露冷　議席塵封　營齋設奠　共表微衷　惟祈昭格
果醴以供　哀哉　尚
饗

（二）、監察院公祭文

（首部式略）
緊維先生　黨國耆英　長才卓識　志慮忠貞　獻身革命　文化尖兵　參政議事
鯁論恢宏　職司風憲　節勵冰清　建言立德　卓著令名　淵涵雅度　豁達豪情
潛研經史　中外蜚聲　何期一疾　遽爾辭塵　愴懷致奠　共表微忱　嗚呼哀哉
尚饗

十二、段故監察委員克昌先生祭文

(一)、治喪委員會公祭文

維

中華民國六十七年七月二十九日，治喪委員會主任員余俊賢、副主任委員張維翰、周百鍊、馬紀壯、趙自齊、沈之岳、段一鳴、張邦珍、羅衡暨全體治喪委員等，敬以香花果醴之儀，致祭於

段故監察委員克昌先生之靈前曰：

猗歟先生　國之精英　投艱歷險　罔顧死生　公忠體國　獻替情殷　矢勤矢勇

允武允文　參戎宰縣　步步洊升　軍需總監　卓然有成　籌邊滇緬　支援盟軍

糧秣運輸　無匱供應　中外獎譽　懋績隆勳　長才丕顯　日昇月恒　實施行憲

代表是膺　一心匡輔　牖世導民　繼登柏臺　謇諤有聲　是非嚴辨　志切澄清
一門三傑　頭角崢嶸　枝繁蔭遠　世代簪纓　平居恬淡　朝野望宏　老而彌健
步履康寧　胡天不憖　遽爾騎鯨　愴懷致奠　果醴以陳
哀哉　尚
饗

（二）、監察院公祭文

（首部式略）
緊維先生　滇南之英　盛年強仕　磊落崢嶸　士馬食貨　戮力祇承　歷任艱巨
備極辛勤　人和政舉　慮遠謀深　樂與為善　坦蕩胸襟　神凝體健　涵養功淳
聲名遠播　器度恢宏　職司風憲　直道咸稱　霜臺肅政　竭盡股肱　天胡不憖
遽爾捐塵　椒槳致奠　謹表微忱　嗚呼哀哉　尚
饗

十三、張故監察委員維翰（蒓漚）先生祭文

——致祭者：監察院——

維

中華民國六十八年九月二十七日，監察院院長余俊賢、副院長周百鍊暨全體委員、職工等，敬以香花菓醴之儀，致祭於

張故監察委員蒓漚先生之靈前曰：

繄維先生　黨國元良　靈鍾金馬　秀毓瀾滄　昔隨唐蔡　初露鋒芒　討袁護國
智勇騰驤　考求地治　東渡扶桑　歸宰劇邑　政績丕彰　法夷肆虐　獻議中央
折衝樽俎　訂約斯張　出膺國代　創制憲章　繼司風憲　整肅官常　及膺院輔
志切励勤　柏臺綰代　藎畫周詳　繩愆糾謬　白簡嚴霜　耄齡清望　智德允臧

謙辭遜退　甘淡聲昂　旋遊歐陸　滿載詩囊　吟壇祭酒　詩教宏揚　中興鼓吹
雅集華岡　公之著述　名山所藏　公之翰墨　藝苑生光　公之勳業　史乘流芳
公之性行　狷介圭璋　哲人其萎　薄海同傷　胡天不憖　一老堂堂　景徽永式
瞻仰難忘　伏維昭格　鑒此馨香
哀哉　尚
饗

十四、丁故監察委員俊生先生祭文

（一）、治喪委員會公祭文

維

中華民國六十八年二月五日，治喪會主任委員余俊賢、副主任委員郭澄、周百鍊、王師曾、陳亞夫、張岫嵐暨全體治喪委員等，敬以香花菓醴之儀，致祭於

丁故監察委員俊生先生之靈前曰：

緊維先生　邦國干城　幼年聰穎　頭角崢嶸　半工半讀　篤志勵行　學成許國
矢效忠貞　籌邊擘劃　全力以傾　衛民保土　懋績賢聲　八年抗戰　竭慮殫精
迭受獎譽　屢獲殊榮　參加制憲　碩盡功弘　實施憲政　選賢與能　中樞佐命
謇諤聲騰　青年組黨　國是勗勷　虔誠禮佛　教義宏揚　端風正俗　以導以匡

溫柔剛毅　不卑不亢　熱心公益　惠及梓桑　積勞成疾　遽返仙鄉　英靈不泯

來格來嘗

哀哉　尚

饗

（二）、監察院公祭文

（首部式略）

緊維先生　三晉之英　天生穎異　閭里聞名　太原負笈　頭角崢嶸　獻身報國

矢志矢貞　供需樞要　竭力以傾　憂勤肅政　謇諤揚聲　溫柔剛毅　中肯精誠

勤探民隱　獻替功宏　肅官折獄　卓爾有成　胡天不佑　遽爾騎鯨　清操典範

大節式貞　謹陳薄奠　來格來歆

哀哉　尚

饗

十五、高故監察委員登艇（少航）先生祭文

（一）、治喪委員會公祭文

維

中華民國六十八年十二月二十四日，治喪會主任委員嚴家淦副主任委員余俊賢、周百鍊、丘漢平、戴仲玉暨全體治喪委員等，敬以香花菓醴之儀，致祭於

高故監察委員少航先生之靈前曰：

緊維先生　黨國精英　八閩望族　累代簪纓　少時聰敏　頭角崢嶸　議論經史

梓里揚名　榜魁縣試　才氣恢宏　專攻法政　遠渡東瀛　參與同盟　革命堅貞

歸國興學　棫樸蜚聲　滬濱執法　舉重若輕　片言折獄　一秉剛正　賢明精幹

玉粹珠瑩　正邪嚴別　肺石風清　洞察逆謀　間關赴京　條陳方略　深獲殊榮
管鑠民政　矢勤矢誠　敬恭桑梓　媲美前賢　闡揚儒術　翰墨名傳　葆真醇固
第見生平　柏衙執憲　不畏權橫　閩臺節鉞　宣慰民情　胡為一疾　南極星沉
典型永在　朝野同欽　豐齋設奠　玉爵盈斟　靈兮未遠　來格來歆　嗚呼哀哉
尚饗

（二）、監察院公祭文

（首部式略）
猗歟先生　黨國干城　早參革命　加入同盟　從軍從政　秉直秉誠　在鄉在國
必敬必貞　霜臺白簡　龍節宣風　勤求民隱　平反曲從　繩愆糾謬　廢食奉公
讜論流徽　器重寬沖　明刑弼教　翊贊中興　盡忠職守　接物待人　迺平迺實
窮理致知　胡為一夕　遽爾遐升　靈兮來格　果醴奉承
嗚呼哀哉　尚
饗

十六、陳故監察委員志明（之溟）先生祭文

——家祭文——

維

中華民國七十一年十二月二十四日，未亡人陳李熙瑩率子宙、女麗生、孝生、孫女均均、蓓蓓等，謹以果醴時饈之儀，恭祭於

先夫陳公志明夫君之靈曰：

嗚呼吾夫　白首相莊　百年作合　夢短情長　哀哀眷念　德厚純良　賦性狷介

責任心強　早參黨務　遠派南洋　返國膺命　供職川康　繼贊中樞　職懍風霜

澄清吏治　整官肅常　凡所治事　足智多方　立場堅定　當仁不讓　齊家修身

儉樸是倡　夫妻相處　敬愛互諒　教育子女　亦柔亦剛　勵志報國　敬恭梓桑

四十六載　遇事商量　歷經戰亂　甘苦共嘗　兒成女大　願已如償　蘭孫挺秀
桂子騰芳　在懷難釋　大陸重光　強身保健　生活習常　胡為中道　飛穀重創
醫藥枉效　一夢黃粱　同林比翼　遽爾分揚　神歸冥漠　曷禁悲愴　敬陳果醴
告奠於堂　嗚呼哀哉　尚
饗

十七、成前考試委員惕軒先生祭文

維

中華民國七十八年七月十六日，陽新縣旅台同鄉會理事長柯鵬暨全體理監事、同鄉代表等，謹以香花菓醴庶饈之儀，致祭於

成故鄉長惕軒先生之靈前而誄曰：

猗歟惕公　吾邑耆儒　目十行字　日萬言書　忠黨愛國　矢志貞勤　早參密笏

榮獲殊勳　獻身文教　望重士林　宏揚古學　倡研詩吟　棘院考銓　四十光陰

量才薦士　朝野咸欽　名篇五頌　鼓吹中興　皇皇健筆　嶽嶽莫凌　平生志節

信守四箴　風操雪亮　道範彌深　鄉親來台　關懷甚勤　輔導工作　協助謀生

勳業彪炳　華國以文　皈依基督　虔誠是殷　年登大耋　德望蜚聲　容光普照

澤渥後生　李穠桃郁　中外簪纓　蘭薰桂馥　瓜瓞繁英　先生宏願　一一以償

道山遽返　永樂天堂　邑人同悼　曷勝哀傷　靈兮不昧　鑒此馨香

伏維尚

饗

十八、監察院林前簡任總編纂德璽（召宣）先生祭文

（一）、治喪委員公祭文

維

中華民國六十五年十月廿六日，治喪會主任委員張維翰、副主任委員陳大榕、蝗碩暨全體委員等，敬以香花菓醴之儀，致祭於

林前監察院簡任總編纂召宣先生之靈前曰：

緊維先生　膽識超人　肄業交大　智邁等倫　天津備警　以政輔軍　學能致用

鐵路襄勤　迨知奉化　際會風雲　文武冠冕　中外俱聞　湘衡行署　績著清芬

聿瞻儀範　鄉黨稱仁　戰區突擊　奮勇志身　發揚政戰　寓兵於農　柏臺卅載

案牘勞形　退官息隱　涵養性靈　胡為一疾　遽爾騎鯨　海天孤憤　泉路淒清
群集憑弔　哀思愁縈　魂兮未遠　來格來歆　哀哉尚
饗

（二）監察院公祭文

維
中華民國六十五年十月二十六日，監察院院長余俊賢、副院長周百鍊暨全體委員、職工
等，敬具香花菓醴之儀、致祭於
林前簡任總編纂召宣先生之靈前曰：

時維八月兮閏中秋　碧海青天兮西風啾　憶昔聲名兮壯志酬　元龍豪氣兮薄斗牛
方今案牘兮勞而憂　能真澹泊兮清且修　息隱林泉兮意興幽　樂夫天命兮復何求
遙瞻衡嶽兮黯雲愁　忽爾修文兮赴玉樓　敬陳薄奠兮酒滿甌　靈其安息兮臥松楸
尚
饗

十九、丁故夫君永森先生祭文

——丁永森先生係監察院簡任調查專員——

維

中華民國六十七年六月〇〇日，未亡人謝淑貞率子〇〇等謹以香花時饈之儀，致祭於

故夫君丁公永森之靈前曰：嗚呼！

人之於死　悲且亦傷　況我夫君　意外身忘　半言未語　一夢黃粱　誰來早餐

物在人亡　勤勞儉樸　耿介端方　急人之急　忘我而忘　蘭台纂吏　實錄綦詳

竟成陳迹　千古流芳　雙溪新構　佈設精裝　環坡美化　以導以倡　花木扶疏

三徑就荒　晶晶几榻　猶現塵霜　待余恩愛　課子慈祥　相親相敬　誼篤情長

哀哀稚子　失怙羔羊　而今而後　教養獨當　繼志述事　莊敬自強　魂兮未遠

來格來嘗　哀哉尚饗

二十、聶故夫君治安先生祭文

——聶治安（雲亭）先生湖南人氏、係監察院荐任調查專員，逝世于六十七年十二月間——

嗚呼！夫君與我　好合百年　相依白首　遽爾長眠　兒女孰託　我亦堪憐　分飛永訣
欲見無緣　憶君心性　慈愛誠虔　待人接物　不易不偏　勤工儉學　長輩嘉傳
從軍代弟　手足情聯　其在軍也　文牘承宣　是非嚴辨　大義凜然　刺毛仇快
被阻憤填　公忠體國　有如是焉　其為政也　夕惕朝乾　霜台掾吏　糾謬繩愆
身清志潔　理得無牽　柏臺卅載　同事稱賢　其習藝也　上海美專　作書擘窠
大筆如椽　胸中丘壑　落紙雲煙　清風明月　右老題旃　退除公職　公司續延
夙夜匪懈　未息仔肩　膀胱絕症　乏術回天　享齡七一　福壽雙全　夫君安息
應無悁悁　而今告奠　涕泣漣漣　嗚呼哀哉　尚饗

二一、祭梁培荷將軍文

~梁將軍係山東人氏、由憲兵司令部參謀長陸軍少將轉光復大陸委員會副秘書長~

維

中華民國八十二年二月十五日，憲兵第十八團官士代表鄭振鏞、蕭欽、徐超群等，謹以香花果醴庶饈之儀，致祭於

梁前參謀長培荷將軍之靈前曰：

猗歟將軍　國之干城　從戎投筆　獻身憲兵　幕僚隊職　恪盡忠貞　輒參戰役

奮勇先行　勳昭麟閣　獎頒忠勤　品題高試　才備武文　由軍轉政　秘勿弼膺

任勞任怨　有華有聲　積勞成疾　竟爾騎鯨　將軍德業　垂範可旌　敬陳薄奠

靈其來歆　伏維尚饗

二二、謝忻懋先生祭文

——六十五年五月十日係工商界——

（一）、治喪委員會公祭文

（首部式略）

緊維先生　聰明進取　達理知情　循規蹈矩　家道艱屯　痛失恃怙　孤苦零丁
賴姊扶顧　歷盡苦辛　鼎新革故　製罐創業　經營致富　欣欣向榮　分家立戶
增產報國　安居樂聚　胡為一疾　遽爾作古　哀哀遺孤　童少誰撫　母兼父職
有苦莫吐　魂兮未遠　靈其呵護　哀哉尚
饗

(二)、宗族代表公祭文

(首部式略)

維吾宗長　我族之英　幼失怙恃　刻苦勵行　忠誠敦厚　鄰里馳聲　創造實業
欣欣向榮　遽聞溘逝　咸表震驚　蓬山雲暗　淡水月昏　登堂拜奠　無限愴神
靈其來格　鑒此微忱
尚　饗

(三)友人代表公祭文

(首部式略)噫嘻!
聲氣之誼　如蘭似馨　工商同好　敬業樂群　無間晨夕　相勉前程　何期一旦
棟折梁傾　敞房寂寞　誰與同營　盈眶有淚　至誼長縈　魂兮歸來　鑒此愚誠
尚
饗

（四）、親戚代表公祭文

（首部式略）嗚呼！

人生斯世　如葉飄風　彭修顏短　同歸一空　緬維親戚　孤苦慘恫　艱難創造

時運亨通　興家富國　名震譽隆　何期一疾　永別寰中　感念親情　淚流滿胸

望靈祭奠　聊表寸衷

哀哉尚

饗

二三、王故陸軍上校宇樞先生祭文

——公祭者：治喪委員會

（首部式略）

靈鍾東嶽　秀毓合江　早露頭角　器宇軒昂　中原板蕩　遺大投艱　蘆溝構釁
參戰入關　初為俄譯　典範編刪　繼投軍校　兵法精嫻　遠征滇緬　擊斃巨奸
戰功是建　懋賞是頒　謀福桑梓　愛遺依蘭　揚帆渡海　淬礪雕鞍　金門砲戰
力障狂瀾　功成身退　客聘教官　老猶謀國　閒釣江干　胡為一疾　遽赴仙壇
蓬山黯淡　虎帳生寒　親朋感念　賦誄心酸　惟祈來格　以享以餐　尚
饗

二四、祭義父王應生夫子文（代）

維

中華民國六十六年三月十九日，義子功林義媳林美麗率子曜廷　曜謨、女采薇　淑薇等，

謹以清酌庶羞之儀，致祭於

故義父王公應生夫子之靈前而誄曰：

嗚呼義父　德峻品清　循循善誘　鄉黨聞名　誨我不倦　輔我以成　情同父子

誼屬師生　以茲恩大　孝盡人倫　以茲義重　難報終身　公齡舞勺　伶利精英

文成錦繡　名滿雉城　錢塘遊宦　利濟功宏　莫愁園政　煥然一新　姚斥曾公

戕戮漢人　何為樹像　喝令廢陳　嚴詞駁正　陳報中央　議案通過　屹立堂堂

長官嘉許　拔擢用長　嗣因體弱　歸賦田莊　枌榆設校　作育棟梁　抗戰勝利

遠渡重洋　造林植樹　惠及農商　層巒疊翠　馥蔭台疆　屏東留稿　以誌勿忘

退休養壽　泉石徜徉　胡為一疾　遽返仙鄉　嗟予小子　涕泣汪汪　惑莫予解
錯莫多匡　頑莫予破　難莫予襄　而今已矣　何所適當　虔陳薄奠　來格來嘗
哀哉尚
饗

二五、祭父文代

維

中華民國六十六年七月三十一日，孝男繁柄　繁模、孝媳徐氏邱葭月率孝女阿花、孝孫祥義　祥謀、孝孫女秀明　秀朗　秀玉等，謹以香花果醴之儀，跪祭於

顯考孔公丹顏大人之靈前而泣曰：嗚呼！

吾父秉性兮　志節剛強　少小聰穎兮　膽識異常　生我育我兮　訓誨輔匡
排難解紛兮　故里名揚　興師保境兮　除暴安良　勝利復員兮　勦匪贊賞
香江違難兮　艱苦備嘗　攜子來台兮　衣食安康　父其含飴兮　熙笑年忘
朝思暮想兮　復國還鄉　我期父壽兮　億萬無疆　胡為一疾兮　夢入黃粱
使吾兒輩兮　痛斷肝腸　呼天躄踊兮　怵惕悽愴　風號木落兮　嗚泣悲傷
徬徨四顧兮　如顛如狂　音容何處兮　欲覓無方　幽冥永訣兮　窀穸茫茫

青山碧海兮　白雲深藏　父其有靈兮　鑒此清觴

哀哉尚

饗

二六、祭譜兄文（代作）

維

中華民國六十八年元月九日，譜弟張効忠率妻洪碧蓮、子慰祖　敬祖、女念慈　心慈等，

敬以香花果醴之儀，致祭於

故譜兄陳福如先生之靈曰：嗚呼！

聲氣之誼　如弟如兄　同入軍伍　必信必忠　朝夕相守　患難相同　何期一夕

頓杳音容　金蘭修譜　義重可風　滿腔淚灑　難抑情衷　魂兮未遠　鑒享飧饔

哀哉尚

饗

二七、祭父文代

——林宗銓之父，係閩海一江山來台之漁民——

（首部式略）嗚呼！

父親秉性　忠厚純全　網魚為業　碧海青天　乘風早發　滿載歸船　生我育我

訓誨齊賢　咸期嚴父　大壽八千　奈因體弱　臥榻經年　胡為一夕　館舍遽捐

我等兒輩　腸斷淚漣　音容何適　杳隔黃泉　徬徨四顧　如狂如顛　撫膺呼號

欲見無緣　猿哀鶴唳　涕泣潺湲　天長地久　抱恨綿綿　父兮有靈　鑒此清筵

哀哉尚

饗

二八、祭勞工界文

（首部式略）

緊維先生　勞工精英　行事幹練　勤苦忠貞　約己謹嚴　名利勿爭　待人誠厚

和藹相迎　急公盡責　為廠增榮　熱腸古道　佳譽好評　何遽辭世　至念長縈

靈其來格　有酒盈觥

哀哉尚

饗

二九、祭父文代

柯公係湖北省陽新縣人氏，於台電總公司總務處處長退休後籌組大有客運公司

維

中華民國六十九年十一月二十九日，孤子亭雄率妻田瑋、孤女渝芳 婷芳暨婿安嘉平、外孫、外孫女及誼妹李可君等，謹以香花果醴之儀，跪祭於

顯考柯公諱鵬字滌塵府君之靈前曰：

嗚呼父親 神旺體康 胡降車禍 意外重傷 昏迷語塞 淚水盈眶 華佗乏術

遽赴天堂 憶父為人 敦厚端莊 憶父處事 智圓行方 夠勞鞠育 艱苦備嘗

輔匡訓誨 愷悌慈祥 教讀完娶 家道繁昌 恩深似海 德大彼蒼 昔治區政

懋績丕彰 敬恭桑梓 父老稱揚 鄂省供職 能幹精強 盡責守分 表現優良

枌榆袍澤　港澳流亡　入境來臺　工作惠勳　籌組大有　造福台疆　退而不休
重負更忙　應歸泉石　養壽徜徉　含飴弄孫　歲月攸長　每念蕙姐　門閭倚望
朝思暮想　復國還鄉　以父慈愛　延壽永康　何期一旦　永訣倉皇　使吾兒輩
痛斷肝腸　呼天躃踊　號泣悽愴　奉安靈櫬　陽明之陽　青山碧海　白雲深藏
幽冥頓隔　窀穸茫茫　靈其不昧　鑒此椒漿
伏維尚
饗

三十、曹德勛先生祭文

(一) 家祭文

維

中華民國六十九年十二月二十四日，未亡人古　信率子術生、術廉等，謹以香花時饈之儀，致祭於

先夫曹公德勛之靈前曰：

夫君與我　好合百年　相依恩愛　何遽長眠　幼兒孰託　我心悁悁　分飛永別
欲見無緣　憶君心性　慈愛誠虔　待人接物　不易不偏　服官憲兵　慧敏清廉
勞而不怨　媲美前賢　對敵作戰　勇敢當先　忠貞報國　長官嘉傳　追隨政府
東渡台員　本島外島　保境戍邊　福山宿衛　心比石堅　升經理官　運補周全

畢生戎馬　夕惕朝乾　盡忠職守　有如是焉　退除軍職　未息仔肩　夙夜匪懈
苦不乞憐　嗟兒還小　教養之年　村房改建　急於籌錢　回想伴汝　十七暑寒
情深鶼鰈　誼篤鳳鸞　醫院侍疾　奉湯奉丸　昏迷不語　淚如泉湍　肝癌重症
起疴乏丹　幽明頓隔　夢入邯鄲　從今以後　影隻形單　哭汝祭汝　寸斷腸肝
應佑兒大　默助我難　靈兮未遠　鑒此盤餐
嗚呼哀哉　伏維尚
饗

（二）治喪委員會公祭文

（首部式略）治喪委員熊梅青、賀慶雲、倪文斌、鄒斌煥、徐超群、劉行祥、蕭欽等。
緊維先生　憲兵之英　幼年勤學　壯歲請纓　雲龍山麓　革命陶薰　彭城服務
模範三軍　徐蚌會戰　戍守陣營　冒險犯難　不懼不驚　湘西靖亂　死裏逃生
甘苦與共　團結精誠　轉進滇南　克敵殲頑　飛往瓊島　後補維艱　移師東渡
建設台灣　擁護政府　還我河山　繼續深造　歷練技能　成績優異　屢擢高升

或任基幹　負責認真　或任幕僚　籌劃專精　或擔特衛　保障內層　或賦重任
拳拳服膺　屆齡例退　軍失干城　積勞成疾　竟赴騎鯨　徽音永念　德業堪矜
靈其不昧　來格來歆
嗚呼哀哉　尚
饗

三一、祭叔父蕭灼明大人文

——致祭者：張劾忠——

（首部式略）

嗚呼我叔　一生勤勞　遠別梓里　歷盡風濤　雍雍和藹　志氣雄豪　恂恂篤實

品性清高　任勞任怨　不折不撓　教忠教禮　以薰以陶　解衣推食　不惜分毫

情恩深重　難報一毛　何其臥疾　遽爾形凋　音容宛在　神魂已遙　聽之不聞

徒抱哀號　惟祈靈爽　鑒此香醪

哀哉尚

饗

三二、曹母程太夫人祭文

—曹傑將軍之夫人—

致祭者：湖北省應山縣同鄉會

（首部式略）

賢哉曹母　出自名門　慧中秀外　嫺淑邦媛　家傳詩禮　性比蘭蓀　及笄而嫁
完美結婚　事姑以敬　定省晨昏　相夫以愛　不畏艱屯　作夫後盾　為軍靈魂
撫孤從子　守節養尊　人謂荼苦　甘啖菜根　教忠教孝　報國報恩　三遷訓誡
四德樹敦　輝光楣宇　功在堂萱　天倫樂敘　含飴弄孫　何期大限　遽爾長惛
夫人之德　懿範永存　靈其來格　鑒此簋飧
嗚呼哀哉　尚饗

三三、黃宏峰同學祭文代

——致祭者：台北工專化工科六十九年班同學高正等——

（首部式略）

聲氣情誼　如弟如兄　同窗共硯　學冠群英　無間朝夕　相期鵬程　切磋球技
勇健縱橫　何期一疾　臥塌辭塵　雉壇寂寞　少一友盟　怨帝召促　作賦玉京
援筆濡墨　淚如雨傾　臨堂致祭　一片哀聲　永懷儀範　至念長縈　魂兮未遠
享此三牲　嗚呼哀哉　尚
饗

三四、祭世伯母文

維

中華民國七十一年五月十三日，世姪黃尊秋謹以香花果醴之儀，致祭於

故世伯母吳母陳太夫人之靈前而誄曰：

噫嘻伯母　淑善有光　德侔天地　賢比孟梁　敦親睦族　儉樸溫良　內則柔順

外敬鄉邦　嚴教子女　以導以匡　寬能容眾　胸如海洋　勿形慍色　嫺靜端莊

撫姪猶子　恩厚情長　正享上壽　樂敘倫常　胡為仙逝　痛悼哀傷　坤儀足式

彤管流芳　謹陳薄奠　來格來嘗

嗚呼哀哉　尚

饗

三五、祭夫文

維

中華民國七十一年十二月二十三日，未亡人陳翠雲率子泓雯、躍雯、泓斌、泓琳等，謹以清酌香果鮮花之儀，致祭於

故先夫黃公尊萬夫君之靈前曰：

嗚呼吾夫　百年好合　胡天不憖　竟爾永訣　憶汝為人　刻苦奮躍　欽汝稟性

忠誠儉樸　奉公守分　樂善好群　忠於職守　技藝精純　廢寢忘食　專研電學

忍勞忍怨　業績斐卓　堅守崗位　毫不怠惰　公而忘私　員工敬慕　待人友善

樂意相助　嚴管兒曹　誠以謙恕　勤於公務　積勞成疾　臥病在床　詢公如一

狀至垂危　猶掛在心　敬業情操　令人佩欽　夫君大去　悲痛填膺　苫塊餘哀

涕淚縱橫　儉德垂範　諸子遵循　靈其不昧　來格來嘗

嗚呼哀哉　尚饗

三六、祭世伯母文

——致祭者：黃副院長尊秋先生

緊維伯母　系出名門　素嫺姆訓　淑慎恭溫　含辛茹苦　孝姑以尊　和鄰睦族
濟困施恩　賢閨表率　懿範揚芬　正享遐齡　含飴弄孫　胡天不憖　遽爾辭塵
哀思懷念　坤德猶存　靈其不昧　來格來歆　哀哉尚
饗

三七、黃故理事長子賢祭文

——先生湖北省陽新縣人氏，時為台灣雲林縣女子高級中學人事室主任及湖北陽新旅台同鄉會理事長——

維

中華民國七十三年三月十八日，湖北省陽新縣旅台同鄉會同鄉代表劉幹青、鍾邦俊、胡象賢、孔繁柄、蕭欽等，敬以香花果醴之儀，致祭於

黃故理事長子賢先生之靈前曰：

緊維先生　國之精英　天資穎慧　頭角崢嶸　及至少壯　青年加盟　服務故里
一片虔誠　鄉邦沉陷　民不聊生　冒險犯難　遠避香城　披肝瀝膽　渡海台瀛
獻身教育　默默勤耕　宏揚文化　著作有聲　敬恭桑梓　奉獻犧牲　胡為一疾
遽爾騎鯨　善人賢者　感佩心傾　其人其事　典範猶存　英靈不昧　來格來歆

嗚呼哀哉　尚
饗

三八、祭同鄉吳繼瑛先生文

維

中華民國七十四年七月二十四日，湖北省陽新縣旅臺同鄉會理事長蕭欽暨全體理監事同鄉等，謹以香花果醴之儀，致祭於

故鄉長吳繼瑛先生之靈曰：

繄維先生　鄂南之傑　氣度恢宏　少懷志節　剛毅忠貞　以身許國　及膺區長

為政以德　追隨政府　不辭跋涉　退休林泉　養身有得　胡天不佑　喪此賢哲

未覩中興　遺恨永訣　臨風致奠　痛悼何極　魂兮有靈　來歆來格

哀哉尚

饗

三九、祭王故鄉長功林先生文

——先生係台電公司新竹營業處督導——

維

中華民國七十四年十二月三十一日，湖北省陽新縣旅台同鄉會理事長蕭欽暨理事同鄉代表等，敬以香花果醴之儀，致祭於

王故鄉長功林先生之靈曰；

緊維先生　江漢菁英　幼懷壯志　氣度寬宏　秉彝純厚　溫良儉恭　信仰主義
貫澈始終　隨師來台　任職屏東　擁護政府　益勵精忠　造林藝木　萬壑千峰
山無曠土　林密葱蘢　轉調台電　夙夜從公　服務鄉梓　義行可風　長官寅友
咸與推崇　晉任升級　榮獲酬庸　詎知次子　不幸失踪　遍尋匝月　昏倒途中
送醫急救　乏術回生　噩耗傳達　同悼震驚　所在兒女　大都嫁婚　遺留基業

堪慰安身　祇留遺憾　未睹收京　謹陳香果　來格來歆
哀哉尚
饗

四十、祭伯母文（代）

維

中華民國七十五年三用廿三日，世姪監察院副長黃尊秋，謹以香果清酌之儀，致奠於

故伯母洪母詹太夫人之靈曰：

噫嘻伯母　系出望族　幼嫺內則　天生賢淑　歷代務農　苦幹踏實　于歸君子

同心良配　宜其室家　克盡婦職　篳路經營　生活簡樸　相夫教子　鼎奠基業

生子女九　夠勞鞠育　桂馥蘭馨　明倫報國　賢聲遠播　咸稱坤德　正享遐齡

長受清福　胡為仙逝　幽明永隔　衷情痛悼　此心不息　薦以果醴　靈其來格

哀哉尚

饗

四一、祭世兄文

維
中華民國七十五年六月二日，世愚弟蕭欽謹以香花果醴之儀，致祭於
林故世兄朝卿先生之靈曰：嗚呼！

松在岡而擢秀兮　蘭在谷而幽馨　忽焉何其挫折兮　共悼失乎典型
矧忝世交之末兮　確心惻而涕零　維世兄之碩德兮　實盛世之鳳麟
樹聲望於遐邇兮　為社會所式矜　羨象賢之踵我兮　何振振而繩繩
洵無德之不備兮　亦何福之不承　詎遐慶之文來兮　忽賦鵬而騎鯨
嘆哲人之其萎兮　胡昊天之不仁　感百年之有盡兮　不禁一往情深
聊絜酒以陳詞兮　難罄述乎哀忱　伏維尚
饗

四二、溫西女士祭文

維

中華民國七十五年八月　　日，監察委員張文獻……等，謹以香花果醴之儀，致祭於

故溫西女士之靈曰：嗚呼！

緊維女士　賢淑端莊　自幼聰敏　學業優良　隨父學醫　初露光芒　學成看診

患者稱揚　于歸呂姓　教子有方　模範母親　縣府表彰　夫君有疾　勤侍葯湯

歷時四載　護理在旁　四龍二鳳　各自發煌　兒孫繞膝　歡樂扶桑　胡為一旦

跨鶴高翔　坤儀足式　懿德流芳　哀悼莫及　虔備微觴　靈其有知　鑒以心香

伏維尚

饗

四三、哭雙親文

（於台北市南昌街十普寺）

維

中華民國七十七年國曆十一月二日農曆歲次戊辰季秋月二十有三日，不孝男緒賀媳黃靜儀率子舜予女越華、梅華等，假台北市十普寺謹以香花果醴之儀。跪祭於

顯考蕭公安行大人　妣蕭母梅太夫人之靈前而泣曰：

悲莫悲於死別，慘莫慘於家難，哀莫哀於親喪，苦莫苦於孤哀子。嗚呼！胡天不弔，奪我　嚴慈，竟使兒輩悲慘哀苦至於此極。追念考妣一生，劬勞鞠育，恩斯勤斯，推衣推食，以及噓寒問暖，無微而不至也。自卅五年拜別　雙親，遠離故里，首抵武漢，當以就學未成，國亂未戢，故投筆從戎，入伍憲兵訓練，旋參加兗、徐、台海諸戰役，志在安邦。於卅九年秋，渡海來台，感河山之迥異，任務之未完，再歷廿五年之軍旅奮鬥，

階晉校官；嗣棄武就文，經十七年之從政，級敘簡待，劻當實授。及今出入樞院，躋身政壇，為國馳驅，勉能無忝於所生，此皆由　雙親垂教之功也。復以煢煢孑立，固無兄弟，而「不孝有三，無後為大」，迄六十年春，娶越僑黃靜儀來歸，生子一女二，始克傳宗有繼，子女健壯純良，堪寄厚望。當謹遵孝友傳家，學術報國，克勤克儉，庶無忝於家箴；立己立人，期不愧於屋漏①，此則聊可泣稟於　考妣大人者也。惟因世局變亂，征戰遠遊，致久別雙親達四十二寒暑，而不得見者。嗚呼！悲哉！考、妣，為國家抒忠而冒險犯難，為鄉里服務而任怨任勞，以至拯濟災荒，出力出錢，輸購雜糧而賑饑民，勞苦奔波，毫無尤吝，追懷　懿德，感念難忘，方茲苫次哀毀之期，曷克述其萬一！嗚呼！國遭難而生離，家遭難而死別。母氏於四十七年染傷寒重症而逝世，暫厝於異里；父氏自遭此政局邅變，骨肉乖離之諸多創痛，鰥獨潦倒，而目瞶、而耳聾，竟至乞討維生，無依無靠者幾閱月矣。嗚呼！慘哉！嗣由姊與姊丈迎養，幸免凍餒之虞，奈婿鄉人多負重，一以營養缺乏，一以思兒心切，身心憔悴疲憊，纏綿病榻，莫克行動者幾三十載。近接家書，因高血壓而病體轉惡，不能進食，僅飲流汁，當彌留之際，連聲直呼兒孫之名。渴望兒孫歸省，至謂目瞶不能睹兒孫之容，耳聾不得聞兒孫之聲，必欲一吻其額，一摸其頭，亦可以遂心願矣。終以制殊勢禁，未克如其想望，卒於八月十五日遽爾壽終。嗚呼！哀哉！嗚呼！痛哉！兒不孝，生既不能盡菽水一日以餐，病不能奉湯藥一匙以飲，死不能送喪臨棺一拜，猶在天之涯、海之角，終天抱恨，苦痛奚如！誠不知尚何苟活於世耶！嗚呼！苦哉！嗚呼！痛哉！伏望　考妣恕兒，生逢離亂之世，遭遇骨肉之分，亦情非得已之苦，此則上稟於　考妣大人而祈諒宥者也。惟謹遵遺言，親撰祭文，在台設奠追悼，復邀請法師，誦經超渡，引魂於極樂仙鄉；定明年秋，勒銘佳城，封樹於鍾山南麓，並將暫厝於石角山之母墓，移回故里與之合塋，俾二老長相伴侶，面對青山綠水，臥看星宿斗牛，亦庶幾稍贖不孝罪孽於萬一。敬陳薄奠，來格來嘗，尚祈靈爽，鑒我哀傷。嗚呼！哀哉！伏維尚

饗。

註①：屋漏：房子西角安藏神主的地方。古人設牀在靈之北窗下，屋的西北角上，開有天窗，日光由此射入，故稱屋漏。見（詩大雅）「尚不愧於屋漏。」傳：「西隅謂之屋漏。」疏：「屋漏者，室內處所之名，可以施小帳而漏隱之處，正謂西北隅也。」

附：家鄉祭父文

房兄蕭致明代作

嗚呼！生離死別，兒兼有之矣，撫心自省，能不痛裂肝腸哉？緬懷吾　父，性情倜儻，胸懷慷慨，落落有大丈夫志，所以在鄉里中有重望焉。兒上有姊，下有弟，圍繞膝下，頗可承歡，殊料門衰祚薄，禍不單行，庚弟十歲，跑弟七歲，均殤于戊寅年，所幸存者兒與姊兩人耳！嗚呼！吾　父遭此慘劫，真如萬箭穿心也。兒稍長，即入私塾，由破蒙而入學，由經館而遠赴縣中負笈，精心培育，直至於成人，家道寒素，代價殊高，吾　父之所以能克服者，無非能刻苦而已。所刻苦者何？犂雲鋤雨而外，代人彈製棉被，出門做肩挑行商，長年累月，勞碌於風塵之中，所得微資，一則繳學俸，再則為資斧①。嗚呼！能不言之痛心，思之疾首哉？更有甚者，吾　父打算構造樓房一棟，為兒預備回鄉教學，以課子弟，于四十七年築窰自燒磚瓦，鎮日泥手塗足，興致盎然。同年積勞成疾，雙目失明，以致創業雄心，遂成泡影。嗚呼！事與願違，有如是哉！回憶，父常對兒曰：「是龍奔海」，兒受　父之鼓勵下，奮然投筆從戎，作長風破浪之舉。由於國事變遷，遠赴台灣，從此海陸遙隔，消息不通，睽違慈顏者四十餘年。嗚呼！遭遇如斯，淚眼空流。近幾年來，國事緩如，海峽通航回大陸探親者絡繹不絕，兒歸心似箭，兒又遲遲未歸者，因在探親禁例之中，嗚呼！兒之想　父，夢寐以求，推而度之，父之思兒，更有甚焉。諺云：掛念沈痛，其吾　父之謂乎！七九年冬，寄信回家。翌年傳來噩耗，慈母於是年冬逝世，呼天搶地，使兒抱無涯之戚。嗚呼！哀哉！嗚呼！痛哉！由於雁書頻傳，消息靈通，吾　父歷年苦楚，慘不忍聞。四八年，由吾姊與姊夫將　父親迎養，晨昏定省，朝夕服侍者數年。五二年回家被盜，衣服糧食，被偷一空，以致生活無著，乞討度日者，閱一月餘。後又就養姊家。五八年，又從姊家歸來，以失明之父，年邁之母，相依為命，其何以堪。所幸姊夫遷居陽辛鎮，地相毗連，砍柴挑水，耕田種地，接時而來。否則，兩老在漫長歲月裡，安能度過哉？同年，姊與姊夫又將吾　父迎接同住，長期供養。八三年，因染「對口瘡」，幾經數月，終於潰爛，雖經醫生治療，而痛苦難當。據云：越到暮年，病魔越多，半身癱瘓，精神失常，有似癲狂。嗚呼！豈非兒掛念之深，由於憂鬱久積，七情所傷，致成斯病耶！特別是臥床不起，大便小便都是姊與姊夫相互倒洗，同時，一日之間，時而臥床，時而搖椅，時而房地，都是姊與姊夫抬上抬下，勞無怨言。嗚呼！姊與姊夫，職責盡矣，兒之罪更大矣。兒在公、孫子舜予，孫女越華、梅華，常念公公，今後回家，見面無緣，此又吾　父之不瞑目於地下也。嗚呼！

四十餘年來深未盡養父母，臨危又未及送終，為人子者，其何以為子乎！團圓無望，苫塊未能。傷心哉！莫報鞠育之思；斷腸哉！泣讀蓼莪之詩。今晚設奠，一紙哀詞，父兮有靈，其來鑒格。伏維尚
享！

註①：資斧。即資財與利斧。資財，所以濟用；利斧，所以斬棘與防身。今通稱行旅的費用爲資斧。

四四、奉安　顯考顯妣逝世週年忌日入祀告文

維

中華民國七十八年九月十四日，男緒賀媳黃靜儀率孫舜予、孫女越華、梅華等，於台灣台北縣永和市住宅營龕設奠，並跪祭於

顯考蕭公安行大人顯妣蕭母梅氏孺人之靈前曰：

偉歟雙親　鞠育劬勞　望兒大用　撫兒天驕　乖離骨肉　世亂逢遭　畢生勤苦

歷盡煎熬　昊天罔極　德範長昭　兒升簡任　光耀稱豪　形格勢禁　難請榮褒

親營廬墓　賴姊代勞　應幸孫輩　秀拔高標　教以勵學　期許英髦　父兮母兮

含笑九霄　週年忌日　安位宗祧　蘭陵派衍　支分海嶠　而昌而熾　長佑兒曹

靈兮如在　享此香醪　謹　告

四五、陳母鄭夫人世琛女士祭文

緊維女士　賦性溫良　左海望族　家道繁昌　慧聰嫻淑　孝友慈祥　協大卒業
數理專長　服務社會　忠肝熱腸　採鄉抗敵　力援前方　高堂勤奉　弟妹輔匡
于歸作婦　中饋紛忙　誠待親友　倫理家常　遠長建白　寬大胸膛　大陸淪陷
播遷台疆　首迎婆氏　繼養女郎　教忠教孝　如孟如梁　一生勞瘁　寢食癈忘
永懷懿行　彤管流芳　靈其未遠　來格來嘗
伏惟當
饗

四六、祭鄉友李相國先生文

維

中華民國八十年歲在辛未六月二日，湖北省陽新縣旅台同鄉會理事長張志遠率鄉親代表柯翃鵬、石曼青、蕭欽等，謹以香花果醴之儀，致祭於

李故鄉友相國先生之靈前曰：

緊維先生　吾邑菁英　自幼聰慧　頭角崢嶸　不卑不亢　落拓光明　早年渡海
解甲離營　初職考院　盡責以誠　繼仕林務　表現有成　轉調台電　績效亦宏
續轉法院　冤抑獲平　幸獲銓部　委任銓衡　從此前路　步入里程　時不我予
鬱鬱於情　因無家室　神智失清　得失難捨　鄉思愁縈　胡為暮夕　投環了生
先生儉德　積資豐盈　為官任事　操守廉明　鄉朋同悼　倍感哀榮　敬陳薄奠
來格來歆　嗚呼哀哉　尚　饗

四七、祭世伯李有德先生文

維

中華民國八十一年十一月二十日，世愚姪蕭欽謹以香花果醴之儀，致祭於

故世伯李公有德大人之靈前曰：

緊維世伯　仁者之風　自幼體健　不畏困窮　事親至孝　累世務農　茹辛含苦

堅毅豪雄　投艱商賈　開業日隆　毋欺童叟　必信秉公　情深鶼鰈　互助互容

慈愛子女　教孝教忠　擴營木業　德茂德豐　枝繁葉盛　三鳳四龍　同堂四代

慈孝友恭　一門雍睦　閭里稱崇　齒尊耄耋　矍鑠是翁　胡為一疾　駕返蒼穹

平生風義　口碑皆同　高明峻德　壽愷令終　敬陳薄奠　聊表寸哀　靈其不昧

以享餚供　伏維尚

饗

四八、祭夫文（代）

維

中華民國八十二年七月二十五日，未亡人羅美娘率女元芳等，謹以香花果醴庶饈之儀，

致祭於

故夫君鄒公芳榮之靈前曰：嗚呼！

夫君之逝　悲且亦傷　況我夫君　車禍命喪　溫和心性　忠厚純良　勤勞樸實

耿直端方　施仁好義　濟助毋忘　待人接物　禮貌周詳　服役憲兵　忠貞志昂

戡亂作戰　奮勇堅強　追隨政府　東渡台疆　或安社會　夙夜奔忙　或戍前線

薪臥膽嘗　或護元首　鐵衛在旁　或遇困苦　堅毅擔當　憶夫愛我　膠漆情長

管教女兒　善誘輔匡　家務瑣事　和氣商量　早晨運動　河畔成雙　或遊舞藝

或打乒乓　盡情盡興　寓樂保康　六月三日　何以不祥　我言回家　準備羹湯

夫言購韭　騎車市場　竟遭飛轂　一夢黃粱　誰來早典　物在人亡　從今而後
床榻淒涼　祭汝哭汝　寸斷肝腸　佑女成長　助我力量　靈其未遠　鑒此椒漿
哀哉尚
饗

四九、祭友人文

——先生係憲兵調查組陸軍憲兵少校

維

中華民國八十七年四月八日，挽瀾籃球隊隊友：何天澍、詹雪青、趙子卿、任貫一、宗大驊、劉仲謀、蕭和貴、高遠燊、楊德禮、仲文實、胡生根、蕭欽等，謹以香花果醴庶饈之儀，致祭於

故隊長郭公燦輝先生之靈曰：

緊維先生　冰雪聰明　英髦愛國　立志請纓　南昌軍訓　鍛鍊有成　隨軍轉進

東渡台瀛　輾移屏南　宣政勵貞　籃球組隊　競賽遠征　以球會友　游藝求精

軍民團結　安治有聲　保薦深造　學專用宏　全台各地　譽滿好評　半生戎馬

特立獨行　功留黨國　勳獎殊榮　挽瀾團隊　重義重情　卅年寒暑　如弟如兄

先生體健　應享長庚　胡為二豎　遽而騎鯨　咨爾碩德　氣宇純清　仰之高風

澹宕不爭　謹陳果醴　聊表虔誠　靈其來格　鑒此豐盛

嗚呼哀哉　尚

饗

五十、祭同鄉文（代）

維
中華民國八十七年四月八日，台中市四川省同鄉會主祭者何天澍暨全體鄉親代表等，謹
以香花果禮之儀，致奠於
故鄉長郭老燦輝先生之靈曰：

噫嘻先生　巴蜀稱賢　獻身教育　培植青年　參加抗戰　戮力復員　反攻復國
敉亂銷煙　受聘英商　責在仔肩　廿年貿易　業績斐然　造福鄉友　熱忱助捐
作人處世　公正不偏　家庭美滿　桂馥蘭妍　兩岸形勢　統一當前　突聞沉疴
葯乏方箋　不憖一老　遽爾昇天　先生德範　應列史篇　鄉親戚友　欷吁相傳
敬陳果醴　聊盡誠虔　靈兮歸來　享用斯筵　嗚呼哀哉　伏維尚
饗

五一、祭同鄉文（代）

維

中華民國八十七年四月八日，台中市四川省營山縣同鄉會理事長〇〇暨全體理監事及鄉友代表等，謹以香花果醴之儀，致祭於

故鄉長郭公燦輝先生之靈曰：

猗歟鄉長　吾邑菁英　天資穎慧　頭角崢嶸　縣中畢業　即獲聘令　誨人不倦
敬業求精　身教言教　四育均衡　循循善誘　行事開明　願效定遠　投筆請纓
三軍楷範　卓有令聲　繼而從商　拓展經營　業績興盛　極獲美評　敬恭桑梓
服務熱誠　慷慨捐助　贏得盛名　一家和樂　兒女秀清　修身林下　樂享長生
胡天不憖　痛失老成　噩耗傳至　惶恐震驚　敬陳薄奠　以表微忱　靈其不昧
來格來歆

哀哉尚

饗

五二、祭難友劉啓鍵先生文

（首部式略）嗚呼

先生立志　遠大心胸　殷憂國難　投筆從戎　徐蚌練武　奮勇疆場　並肩作戰

重命擔當　滇邊剿逆　仇敵填膺　來台歷載　功著勳勤　傳家存厚　子傑女聰

立身刻苦　勞積膏盲　體衰力弱　痛苦哀吟　醫葯乏效　親友推心　果於今日

遽爾騎鯨　同軍難友　悲悼同聲　先生之德　壽享遐齡　先生之風　品節聰明

營齋設奠　果醴敬陳　靈其不昧　來格來歆

哀哉尚

饗

五三、祭世伯文

維

中華民國九十年歲在辛巳十二月八日挽瀾隊姪輩何天樹　任貫一　宗大驊　趙子卿　胡生根　蕭欽等謹以香花果醴之儀致祭於

故世伯陳公成金老先生之靈前曰：嗚呼！

緊維世伯　夙負長才　長擅工技　眾佩阜財　沉潛德器　恬淡胸襟　近市不俗
志貨仁心　經商以義　待物惟誠　親友沾德　社會繁榮　方期駿業　日新又新
詎知鶴駕　返樸歸真　所幸箕裘　克紹有人　蘭馨桂馥　繼美顯親　挽瀾諸姪
忝附通門　遽聞噩耗　齊起驚魂　工商楷模　道範猶存　漆燈光閃　素旐風翻
生芻一束　椒酒三尊　靈其不昧　來格來歆　哀哉尚
饗

五四、祭房兄雪清文（代）

維

中華民國四十有二年〇〇月〇〇日，房弟電鉞（字雪青）謹以香花酒醴之儀，致奠於

房兄雪清之靈席前曰：

嗚呼！雪清！其逝也耶？其溘然而長逝也耶？　兄之病，弟從未知也！而遽逝也耶？兄之逝，遲至二十餘日後，弟始接得噩耗，其信然而逝也耶？嗚呼！　兄之與弟以系屬一本復同里居，且同名字，而吾等兩家在同族中尤相善也！故自幼友愛之篤，異於尋常，時為鄰里所欣羨，無老幼莫不贊之譽之，以為難得！至今思之，吾等幼時同嬉同遊相得甚讙之情，猶歷歷如昨！今日何日？胡竟舍弟而遽長逝也耶？嗚呼！雪清！自大陸淪入鐵幕，舉凡潔身自好之士，而中莫不以善霸視之，必欲鬥爭之，清算之，置之死地而後已！而吾　兄素抱忠黨愛國之志，懷濟世濟民之心，復歷任鄉長、鄉校長、警察局

長等職務，致力地方建設不遺餘力，一生正直廉明之盛譽，此因為地方善良父老所愛重，而實為中共之所深惡痛絕者也！其見嫉於共產黨，必欲得之而甘心者，則又遠過於其所謂善霸，此當大陸初陷之時，弟因為我家族憂，為我家庭憂，而尤為吾　先生命安危日夜憂思，無時或已者！卒不幸，弟之臆度果不謬，消息傳來，吾　兄竟為中共所得，鐵蹄之下，受盡捶楚，體無完膚，折齒者數，酷列之甚　雖古稱暴君如桀紂無以過之！嗚呼！善霸何辜？愛國如吾　兄者又何辜？而復殘民以逞，此忠貞之士所為義憤填膺誓與不共戴天者也！所可幸者，吾　兄以隻身與眾敵作生死鬥爭之後，卒能衝破重重鐵幕，於卅九年夏間與弟重晤於基隆。當此國破家亡，而吾　兄弟幸得復聚於異鄉，誼重情深，有逾骨肉，此時為悲為歡，蓋有不自知其為何似者矣！此後吾等每於公餘假日，時相往還，或與同遊，或與訪友，話家常，談國事，論身世，論將來，共期反攻大陸，重歸故里，再造國家，知無不言，言無不盡，其時情景，亦歷歷如在！嗚呼！孰意壯志未酬，言猶在耳，而吾　兄竟忘卻國仇家恨而溘然長逝矣乎！嗚呼！雪清！兄之夫人，兄之子女，固猶陷在鐵幕也，情況不明，安危莫卜，　兄如有知！其能無痛於中耶？弟因知其必不然也！而吾　兄今竟若此其所謂天耶？非人力之所能為耶？嗚呼！已矣！嗟何及矣！

茲值革命已重振，我軍反攻在即，異日大陸光復，如吾力能及，當與令弟共扶吾　兄之喪，還葬祖墓，若其不及，亦當善視　兄之遺族，以慰吾　兄之靈，此弟之志所敢明告吾　兄者也！嗚呼哀哉！天實為之，謂之何哉？謹具時儀，倚靈一奠，　兄其有知，庶幾來格！尚

饗

五五、祭母文（代）

——洪碧蓮女士，台灣人，係監察院科員張劾忠先生之夫人——

維

中華民國八十九年七月二十六日，孝男慰祖、繼祖，孝女念慈、心慈，孝媳林瑞冠、龍青娥，暨孝孫、孝孫媳、孝孫女、孝曾孫等，謹以清酌庶饈之儀，跪祭於故顯妣張母洪太夫人之靈前而泣曰：

嗚呼！胡天不佑，奪我　先慈，竟使兒輩等哀慟淒苦，至於此極。追念　先慈，一生劬勞鞠育、恩斯勤斯，推衣推食，以及噓寒問暖，無微而不至也。

憶　母親來歸　吾父，即日間在監院上班，忠勤職守，尊敬長官，和睦同事；下班回家，勤操井臼，並令坐身旁，教以孝友，可謂夙夜匪懈，毫不怠忽，以及和鄰濟助，村里無不稱敬也。

兒等繼長學成，加之姊弟等，人口漸多，家計漸重， 母親即毅然辭去公職，專心主持中饋，並至各地市場設攤販賣日常用品，以增補家用之不足。有一次遠至花蓮，於蘇花公路，意外車禍，墜落斷崖， 母親與兒同受重傷，車子亦全毀，嗣經住院醫治月餘，方始痊癒。但 母親不畏艱險，仍攜兒繼續做生意，且不眠不休，刻苦奮鬥。詎知 母親以久歷寒暑、身心受損，突然中風，導致半身不遂癱瘓，手足失常，不克工作，嗣經十餘載之復健稍愈。

母親之病，幾已積勞成疾，雖延請中外名醫及兒輩終日奉侍湯藥，亦難挽回其痼疾消除之心願。於今年七月一日因病情加重，竟棄不孝等而溘然長逝矣。

嗚呼！痛哉！不孝等侍奉無狀，致永抱終生之恨！使我兒輩等腸斷淚漣，呼天愴地，風木凄然！音容何適？杳隔黃泉，今後不知將何以報春暉之大恩大德。

俯首思之，惟有哀慟泣血，恭述懿行，俾儉德昭垂，願兒輩等腸斷淚漣，以不辜負先慈在天之靈。敬陳牲醴，奠祭於堂，靈其不昧，來格來嘗。嗚呼哀哉！伏維

尚饗。

五六、還鄉祭祖文（蕭致明作）

時維
公元一九九二年歲次壬申季春月初六日，嗣孫緒賀謹以香楮酒醴庶饈之儀，致祭於
蕭氏堂上歷代祖宗左昭　右穆一派英靈之前而言曰：嗣孫緒賀，宦遊蓬島，多年離鄉別
井；葉落歸根，敢忘祖德宗功。翹首雲天，時刻悵望；關心鄉梓，日夜縈懷。差幸海峽
風雲漸定，得以航空歸來。時當暮春，適雨露既濡之候；節屆清明，正怵惕奠祭之時。
緣我
始遷祖季琳公，卜居茨林坑，占鍾嶺之秀；支分阮家畈，得龍山之雲。庥風廣播，
碩德長留。以故瓜瓞綿綿，螽斯蟄蟄。人文蔚起，中試蟬聯，皆祖宗庇蔭之功也。嗣孫
緒賀，叨蒙祖德，雖不敢稱亢宗，而頗得　嚴父之願望也。茲具祭儀，虔誠拜奠，伏願
遠祖近宗，左昭右穆，鑒此馨香。爾後碧海雲天，有缺春秋二祭，而燕翼貽謀，自當遠

近同沾，則嗣孫不勝戴德之至矣。尚

享。

註：緒賀爲蕭　欽之譜名，星禧其字也。

五七、祭林伯母陳月娥太夫人文

維

中華民國九十年十一月十八日挽瀾籃球隊諸姪輩敬以香花果醴庶饈之儀致奠於

故林伯母陳月娥太夫人之靈前而誄曰：

猗歟伯母　女中賢哲　勤操井臼　寡言沉默　秉性慈祥　待人和悅　律身勤儉

實為難得　敦厚溫馨　淑嫻賢德　其壽耄齡　其心玉潔　挽瀾姪輩　玩性活潑

常臨吵鬧　仍待上客　不厭其煩　不形於色　藹藹慈容　始終如一　天生孺愛

鄰里傳說　胡為不佑　遽返天國　驚聞噩耗　哀思難釋　情不制禁　惟有慟哭

願吾伯母　登仙成佛　謹陳香果　靈其來格

伏維尚

饗

五八、還鄉掃墓告文

維

公元二〇〇三年（九三）四月五日，男緒賀偕子榮本（舜予）等特從臺灣遠道還鄉，謹

以香花酒醴庶饈之儀，跪祭於

顯考蕭公上安下行大人　妣蕭母梅太夫人之墓前曰：

翳維先考妣。百齡冥壽。欣逢佳節。跪拜傾訴。早因手術。未能來祭。今特率孫。

跪求卸過。重刻碑石。以補訛錯。鋼石金字。亮麗堅固。安此佳城。子孫榮耀。

長住蓬島。支分蕃茂。祖德流芳。永叨福蔭。一家五口。和樂親近。可喜老兒。

八旬有慶。更喜孫輩。溫良淑慎。孫學化工。技術堪證。光宗耀祖。可為大用。

祈我先考妣。保佑嗣胤。蓬萊支系。綿衍長盛。謹陳酒醴。致祭墓前。靈如不昧。

鑒此清筵。

謹告

五九、清明節掃墓告文

維

公元二〇〇五（九四）年四月四日，兒緒賀偕子榮本自台灣遠返陽新阮家畈故鄉，謹以

香花庶饈之儀致祭於

先考蕭公諱唐遂字安行大人　先妣蕭母梅氏珠姐太夫人之墓前曰：

父賦性兮　智勇雙全　母懿德兮　謹慎慈賢　生育我兮　訓誨以嚴

期孝妣兮　億載長眠　兒率子兮　跪拜墓前　謹上告兮　孫已成年

青壯有為兮　創業承先　富河派衍兮　源遠流綿　蓬島支分兮　世澤長延

覩好山水兮　環翠週邊　佑我後人兮　一脈盛傳　父母有靈兮　鑒此清筵

謹告

六十、還鄉祭祖告文

維

公元二〇〇五（九四）年四有四日遠孫榮本（舜予）自台灣遠返陽新縣屬阮家畈故里，謹以果醴庶饈之儀，致祭於

蕭氏歷代列祖列宗之堂前曰：

列祖列宗　勳功卓越　開宗始祖　得氏蕭邑　炎漢酇侯　輔劉帝業　齊梁盛世

稱王立國　八葉諸相　立言立德　自後世代　繁枝茂葉　雅公遷徙　湖廣立足

我彥機公　繼遷興邑　現在遠孫　落跡台灣　自今以後　創業開端　恭維我祖

繼序不忘　謹陳果醴　來格來嘗

謹告

六一、祭岳母文

維

公元二〇〇九年己丑八月十七日不孝女靜儀暨女婿蕭欽率外孫舜予外孫女越華、梅華等

特從台北匍匐赴香港謹以香花果醴之儀跪祭於

顯妣黃母劉麗環孺人之靈前而泣曰：

嗚呼母親　鞠育劬勞　中年失夫　持家獨挑　母兼父職　教養女曹　出外管家

不折不撓　秉性慈祥　謙退勿矯　律身勤儉　敦厚清操　待人接物　禮別卑高

平心靜氣　胸闊膽豪　主家兒女　視為同袍　嚴以管教　毫不恕饒　數十餘載

治理有條　天生孺愛　鄰里榮褒　晚歲堅志　赴港為僑　自謀生活　安貧樂陶

胡為逆豎　病入膏肓　遽返天國　兒孫心傷　哀哀孤女　痛斷肝腸　但願慈母

安樂仙鄉　佑我全家　生計富康　謹陳香果　來格來嘗　伏維尚享

六二、奉安岳母告文

維

公元二〇〇九年歲在己丑農曆八月初六日孝女靜儀、女婿蕭欽率外孫舜予外孫女越華、

梅華等，謹以素衣果醴之儀，敬祭奉安

先母黃母劉麗環孺人之神位前曰：

懿歟母親外婆，恩德慈祥。奉安靈位，長樂天堂。

祈求蔭佑，生計富康。子孫永保，百代熾昌。

謹

告

六三、祭摯友趙子卿文

維

中華民國一〇二年歲在癸巳四月二十有三日挽瀾團隊弟兄任貫一、詹電鉞、宗大驊、蕭欽、胡生根及楊惠林等，敬以香花果禮之儀，致奠於

故摯友趙公子卿先生之靈前曰：噫嘻：

江浙志士兮趙氏子卿，地靈人傑兮品俊琦瑛，
青年報國兮請纓憲兵，歷盡艱辛兮遠渡鯤瀛，
挽瀾團隊兮親愛弟兄，函授勵學兮奮發前程，
軍士大隊兮苦訓南營，豸校專修兮頭角崢嶸，
新兵調配兮密藏持平，國防籌策兮研判軍情，
三花上校兮捍國干城，台綜院聘兮組訓有成，

禮佛淨修兮夫妻同行，病魔造孽兮華陀重生，
調養復健兮氣色晶瑩，時維四月兮節屆清明，
胡天不憖兮遽爾騎鯨，大德高風兮勳績銘旌，
桂馥蘭馨兮盡屬菁英，飾終令典兮生歿俱榮，
魂其靈爽兮饗此蕁羹，伏維尚
饗

丙、銘碑文

詹母曹太夫人桂香墓誌銘

詹母曹太夫人，名桂香，生於公元一八九一年歲次辛卯三月初四，卒於甲寅年十一月初九，享壽八十有三。

太夫人系出名門，為清進士朗軒公之孫女，及笄，來歸晉秋公，秋公固初師班門，但深明事理，平生急公好義，修橋補路，譽滿閭里，時蒙湘省主席何健將軍，召勉有嘉。太夫人相夫敬愛，淑慎溫良，尤難得者，夫君早逝，諸子幼齒，自斯內理家庭，外應族黨，堅苦卓絕，不怨不尤。猶送兒女就學以至成人，且節衣縮食，博施濟眾，似此茹苦含辛，數十年如一日。

太夫人出四子三女，長子長青，曾任太原鐵路局之處長兼總工程師；次子雪青曾任總統府侍衛室警安組上校副組長，並榮獲雲麾、忠勤等勳章十九座；三子艾青曾任龍山縣委、黨校校長；四子煥青現任中國科學院力學所高級工程師，並獲頒科發一等獎；長女玉春適龍君雨生，務農；次女早折；么女曉英適曹君席儒，曾任職設計院。綜上現有後嗣五十三人，而有大專以上學歷者十七人，誠滿門孝友，盈庭競秀，皆太夫人之功德也。銘曰：

劬勞鞠育　垂教義方　懿歟賢母　德厚流光

公元一九八九年孟夏月清明節　立

參、論述文

一、對檔案管理之商榷

提綱

甲、概說

一、檔案管理的意義

二、檔案的功用

三、檔案的區分

（一）依任務性質分

1. 特藏檔案

2. 一般檔案

（二）依應用範圍分

1. 臨時檔案

2. 中心檔案

3. 永久檔案

乙、檔案管理的現況

一、檔管單位方面

二、檔管人員方面

三、檔管法規方面

四、檔管設備方面

五、檔管方法方面

丙、檔管之商榷

一、制度革新要項

（一）管理單位一元化

（二）管理人員技術化

（三）管理設備制式化

(四)管理方法科學化
(五)督導考核制度化

二、今後作業重點

(一)修訂檔管法規
(二)加強行政管理
(三)確保檔案完整
(四)減輕檔管負荷
(五)維護檔案安全
(六)劃分檔管職責

三、研究發展項目

(一)創建檔案縮攝留真
(二)編製各項專輯
(三)研究檔案資料電子(電腦)作業

丁、結語

本文：

甲、概說

檔案管理，乃文書管理中最重要的一環。故檔案管理的好壞，直接影響行政效率，間接攸關史料的完整。我國能保有五千年悠久光榮的歷史、文物與典章制度，全靠歷代保存檔案史料的功績。尤當內亂未平，局勢多變的今日，更應慎擇安全區域保藏，俾資流傳，以免損毀。

一、檔案管理的意義

我國公務檔案，由來久遠，自有公文，即有檔案。惟管理方法，以往多因人而異，無成規可循，且缺乏詳細記載。然歷代設官守藏，從未間廢。如周設「柱下史」漢、唐以後，各設「簿」的職官管理，迨至清葉，以存置的官文書，始正式稱為「檔案」，沿用至今。

所謂檔案，包括範圍很廣，凡公文書經保管皮藏，以備借調查考者；報章雜誌及圖片，對公務記載剪貼存置者；以及私人或團體文件涉及公務，予以歸存者均是。簡言之，公務檔案，指依檔案管理程序，加以整編庋藏，可供借調查考之文物案件。所謂檔案管理，即指總括檔案行政業務之規劃，和檔案勤務作業之處理而言。

檔案業務與檔案勤務，前者係指檔案行政的制度、政策、法規、作業程序、應用設備與工具、及其有關事項的規劃。後者則為檔案作業程序過程中的點收、分類、編案、編目、典藏、防護、清理、移轉、銷毀、應用、及其有關事項的處理。所以檔案業務人員僅需通才即可，而檔案勤務人員，必具有專業技術方能勝任。

二、檔案的功用

檔案所具功用，不僅供史料的價值，作行政的參考，更可具法律的佐證。昔周武王疾，周公禱於三王請以身代，史納其祝冊於金縢之匱中，其後周公以管蔡流言，避居東都，成王啟匱得其書，乃知公之辛勞，執書以泣，即迎公歸。又蕭何入關收秦丞相府之律令圖書，使沛公得知天下阨塞強弱、戶口多寡及民間疾苦，以興漢室。此皆實證。至其用途之分別，可概分下列四種。

（一）行政稽考：檔案是公務機關處理行政業務的紀錄。其成功與失敗的事例，可作為業務承辦人員在處理公務上的有力借鏡，無論是案情的深入瞭解，及立意的措詞援引或參考，皆能使業務處理上不致重蹈覆轍。

（二）政（軍）務研究：檔案不僅作行政上之參考，而且可作為政務和軍務研究發展的直接資料，藉過去的事實，進而檢討分析，推陳出新，尋求公務處理的新方法、新途徑。

（三）史料簡擇：檔案是歷史文獻的原始資料。舉凡國家一切大事、重要措施表現於文件上者，在檔案中均有具體而翔實的記載，更是未來提供國史編修的重要寶貴資料。

（四）法律信證：檔案實為依法評斷與審理之最佳證明文件。對於過去公務上成敗得失的稽考，或公務糾紛的評斷，以及公務員違法瀆職的審理，檔案不僅具有重大的作用，而且是最有力的信證。

三、檔案的區分

（一）依任務性質分：檔案依其任務性質分為特藏檔案與一般檔案兩種。茲分別說明如下：

1.特藏檔案：舉凡　總統、副總統之手令、批示、函件、講詞、手稿及錄音錄影紀錄片等文物屬之。還有各機關團體之安全資料，以及情治單位之犯罪資料、指紋檔案，依性質需個別管理者均是，本文不予贅述。

2.一般檔案：係指各機關團體之一般行政業務案件屬之。此項檔案管理紛繁，容後述之。

（二）依應用範圍分：公務檔案，依其應用範圍可分為：臨時檔案、中心檔案及永久檔案三階段。

1.臨時檔案：係指尚未結案，須待續辦，或隨時查調參考之檔案屬之。此項案卷由收發室分送承辦人員簽核、擬辦完畢後，即送檔案室，加以整理、分類、登記、集中保管，以留待業務單位繼續辦理，並隨時提供查考之用，而免累積承辦單位，增加承辦人員之負荷，或散失等情形。

2.中心檔案：係經已結案或積久無法結案之懸案，必須留備本機關各單位共同應用及史料簡擇之檔案屬之。凡臨時檔案室經逾保管規定年限之檔卷，無論已結案或不能結案之懸案，在業務上有共同應用的價值，史料上有簡擇的功用者，於每年清理後，移轉中心檔案室，予以重新整理、分類，裝訂成平裝之書本式，以便保管。

3.永久檔案：係已結案或無法結案之懸案，在行政上已失時效，史料上亦無簡擇價值，但依規定仍不應銷毀之檔案屬之。諸如各種制度、政策、典令、規章、重要圖表、法律信證等文件，在行政和史料上，雖均無價值，但仍須保存於每年定期清理後，由中心檔案室移轉永久檔案室保管。倘有歷史文物之價值者，分別移送歷史博物館或國史館接管之。

乙、檔案管理的現況

一、檔管單位方面：檔案管理各機關情況不一，組織較小單位僅設有檔案室而已，但高級機構，其幕僚單位多而分散，各自設立文書檔案管理之。策訂之分類標準、管理方法，自不能一致，各自為政，檔管人員，不同隸屬，檔案規格，亦各異其趣，欠缺統一策劃督管之檔案主管單位，以專其責。

二、檔管人員方面：目前檔案管理人員，大部為多年歷練之老行家，調卷雖未遭若何阻礙，但仍株守舊規，只是全憑久歷熟記之訣，而非檔案管理有關科系或專業訓練所學之長，依然停滯於檔管在人之一途。由於當前檔卷累積如山，現有人數僅因應調卷工作而已。若整理、保護、以及研究、策進，更是無法著手。必須充實檔管人員配額和加強技術訓練，才可以赴事功。

三、檔管法規方面：目前檔案管理法規，其能作為依據者，除「文書管理手冊」中部份原則性的規定及「檔卷分類簡表」外，或間有「調卷辦法」及「檔案保存年限表」者，甚至在同機關內對檔案管理各有不同規定，似乎罕見有關檔案作業程序的完整標準。諸如檔案之接管、移送、保護與權責劃分等，猶待加強。故檔管法規需要一完備而整套規定，才能使作業程序分明，管理權責有據。

四、檔管設備方面：檔案管理設備，依其性質概分為庫房、庋藏設備、作業工具、應用表卡等四種：

（一）就庫房言：檔案室適合保密與安全要求，室內燈光，除濕機等設備，經常保持適當溫度，合乎檔案保護要求，同時辦公室與庫房隔離，以及消防設施等，計劃週到者鮮矣。

（二）就庋藏設備言：檔案陳儲設備，除卷櫥改用鐵質較合標準，並逐次汰舊換新，漸趨統一外，其餘如附件箱、卡片櫃、調卷憑據箱等，不完全者仍有之。

（三）就作業工具言：檔案單位現行作業用之裁切機、打孔機、訂書機、裁剪刀、書錐、線繩等重要工具，仍未能齊備者，比比皆是。

（四）就應用表卡言：表卡為檔案作業之基本設備，目前除部份檔案單位設有索引卡、檔案索引目錄外，多數仍採用目錄冊作為調卷之稽憑。

五、檔管方法方面：檔案分類法與編卷，因單位而有所不同。有以案卷發文字為字頭，下列分類號方式，故常有未合併之案卷發現，自屬欠科學。另有以ABC英文字母為字頭，下列分類號，固屬合用，似欠一致之美。還有以十進位形式區分門類者，此法普遍通用各機關。但現以科學發達，業務項目隨之增多，非十進位所能概括無遺，更採擴充式將首位數字由十延至二十、三十隨新增門類而增加之，乃一大的革新，殊值廣泛採用。以上所分門類，均各成一家，並未以分類項目標準作依據，可謂因人而異，各有千秋。

丙、檔案管理之商榷

一、制度革新要項

（一）管理單位一元化：檔案管理工作，為行政管理工作的重要一環，在一切重組織、重權責的現代，要使檔案管理制度確立，應不斷發展，必須賴有系統的、完整的、統一的權責單位，集中管理，予以推動，方收宏效。是以檔管人員，均應分別集中於檔案室辦公，統一指揮，配合作業，方能符合管理單位一元化、系統化的要求，易臻治理。

（二）管理人員技術化：檔案管理，是一種專業技術性的工作，未具備本職學術或未經作業訓練者，難以勝任。惟要使制度健全，效率增強，達到管理人員專業技術化的目標，對於人員的選用，員額的配賦，尤有重大關係。

1.人員選用：為達到檔管工作的專業技術性之目標，選用人員，除予以講習訓練、溝通思想作法外，並注意下列基本條件。

(1)須忠於國家，並經安全調查合格者。
(2)具有良好的國學基礎。
(3)須熟諳檔案管理法規及作業經驗。
(4)須有行政及保防的充分知識與經驗。
(5)應充分瞭解整個文書管理之程序與方法。

(6)須明瞭政府政策及單位組織職掌。

(7)須有高度之工作熱忱。

2.員額配賦：

(1)臨時檔案室：檔案行政業務人員，視業務之繁簡，適宜調配一至二人負責即可。檔案技勤作業人員，在正常狀況下，按平時日收發文三〇件，設置技勤人員一員為準。例如某機構全年收發文共達四七〇〇八件，平均每日約一五六件，應配額五員，連同行政業務人員共需七人。

(2)中心檔案室：平時以四至五人，勉可勝任。但各單位已逾年限未移送之檔卷尚多，又自大陸運台之檔卷更難勝計，均亟宜聘用雇員於短期內協助清理，以釋重負。

（三）管理設備制式化：檔管作業的良窳，固有賴於方法與技術的高明，但管理設備優劣，關係工作效率的提高與安全的維護亦大。因此檔管各項設備，在質量上力求充足耐久，在規格上尤應講求統一適用，才能合乎制式化的標準。檔管設備、除日常文具用品外，可約分為應用表卡及典藏設備兩項：

1.應用表卡：檔管的積極目的，在留備行政參考。要使查調速捷，應用便利，一則須有嚴密精確的分類方法，再則須將案件中可供查考的有關事項，諸如來文單位、收發文號、案由及典藏處所等，作有系統、有條理的翔實登記，以便按圖索驥，一目瞭然，隨手撿得，故針對需要研製實用的表卡，為不可少的設備。檔案管理設備，除編案單、分存單、書本式目錄、案內文件目錄表、卡片式分類目錄及各式卷夾等固足應用外，其他如收發文號檔號對照表、卡片式人名目錄、要項索引、檔片、導片等，均應建立，以期完備。

2. 典藏設備：檔管的消極目的，在確保檔案的安全，凡經典藏的檔案，除因保存年限屆滿清毀外，其餘不得有任何損失。其主要設備，不外檔案櫥箱及庫房二種。前者是典藏檔案的基本設施，現各單位由木質改用鐵質的箱櫥，既堅固又美觀適用。惟卡片櫃、調卷憑據箱及附件箱等多未完善。後者為儲置檔櫥，兼充工作人員作業處所之用，為保護檔案安全與作業效率提高，庫內應裝置除濕機，同時與辦公處所隔開。其餘如庫房之消防設施，亦應予充實。

（四）管理方法科學化：檔案管理，是將許多不同文件，用科學的綜合、分析方法，使之具有明確系統，紀錄詳備、檢調便捷等優點，其方式一如圖書之管理。要達到以上優點，重在詳確的分類。至於分類的方法，歐美專家有種種的研究，見仁見智，多有不同。現在推行較廣而得一般讚同者，有：杜威氏(DEWEY)分類法、布朗氏(BROWN)分類法，及美國國會圖書館分類法等三種，而以採用杜威氏分類法者較多。理由有三：

1.用數目字記號、容易通行。

2.數目記號，易記秩序先後。

3.以十進位形式，整齊一致。

現時我國除採用上列分類法外，有同時並採用王雲五先生四角號碼者，雙管並用，檢調神速，效率增高。

（五）督導考核制度化：為使辦畢之公文案件，能隨時歸檔，而免久稽散失，以及減輕檔案負荷，便於管理，除由高級長官率同檔案主管部門，定期派員赴各單位承辦人員處或收發室，檢查其有無未歸案件及已歸案之數量，評定成績，建議獎懲外，並應督導檔案室庫，定期實施檔案清理、銷毀、移轉與保護等經常工作，以專責成。

二、今後作業重點

（一）修訂檔管法規：檔案管理，對於人、時、事、地、財、物各項因素之運用，作業程序技術之規劃、必須訂定法規，以為處理檔卷之依據與作業程序之準繩。茲舉出下列三種，以供參考。

1.訂定檔案管理手冊，為確立檔案管理制度，發揮檔案功能，提高行政效率，維護史料安全，必須策訂此項專業手冊，以建立統一完整之體制，達到檔管單位一元化，人員技術化、設備制式化、方法科學化、督導制度化及作業程序化之要求。

2.編訂檔案分類表：檔案分類工作，為檔管作業最重要之一環，一個完整的檔案，必須全案內容貫通連串。立案精確，使同類案件無差異分離的毛病，其主要關鍵，全在分類恰當。依杜威氏十進位分類法使用說明如次：

(1)例如該分類表區分為：總類、主計、人事、行政、補給、交通、房屋及建築、醫藥衛生及江河港口水路等九大類為一級，每大類之下分十大綱為第二級，每大綱之下分十大目為第三級，每大目之下可再分若干細目。

(2)各級項目之縮寫符號，稱為分類號，用阿拉伯數字0-9代表之，均照十進法演進，以百位數字代表第一級，十位數字代表第二級，個位數字代表第三級，小數點以後第一位代表第四級，第二位代表第五級，餘類推。

(3)各級項目，均按分類號大小次序排列之。

(4)如屬個別立案者，並運用王雲五氏四角號碼順序排列之。

因此檔卷分類，必須依據確定綱目，切不可全憑臆斷，因人而異，以免日久人事變遷，檢調費事。

3.彙訂檔卷保存年限區分：基於案件多涉及國家大事，故應依業務內容價值，分為：永久保存，保存二十年、十五年、十年、五年、三年、一年及辦畢彙毀八級，各級均以具體明確之業務項目編訂較佳。但各業務之保存年限，係以業務主管為基準，凡同類之案卷，各主管單位應遵照區分表決定其應保存年限，業務承辦人員擬辦文稿時，應文件內容性質，將該項規定年限填註於文稿左上角保存年限欄內，遞呈權責主官核定之。如歸檔案件未註明保存年限者，檔案科（室）應退請補註或拒絕歸檔，以維檔案手續之完整。

（二）加強行政管理：為有效建立檔案管理制度，對建立制度有關各項因素，如組織健全，權責劃分，人事運用，設備規格、業務處理及勤務作業等，均應配合行政實況，考慮其適應性、可行性，週密研究，逐步加強，期臻完善，並求發展。對加強行政管理，約分五點述明之。

1.如積存舊案很多應借調或增聘雇員，加速清理，使業務走上正軌。

2.對檔管人員，依其技術專長任用，使人盡其才。

3.充實檔案管理設施，使物適其用。

4.編列檔案管理業務研究經費，使財節其流。

5.對檔管單位與人員，厲行督導與獎懲，使效力提高。

（三）確保檔案完整：應行歸之案件，業務承辦人員不得藉故自行保管，如確屬急需併辦，承辦人員於稿件右下角註記「發文後請退回續辦」字樣，可暫留參考，但以不超過二十天為原則，期確保檔案完整。並列舉如下四點以供參考。

1.貫徹辦畢歸檔政策。

2.實施事前分類制度。

3.同一案情案件，嚴予併案。

4.加強借調催還制度，勿使日久散失。

（四）減輕檔管負荷：為確保檔案價值，必須定期清理，以去蕪存菁，減輕管理負荷。茲提意見四點如下：

1. 貫徹不必歸檔者，免於登表編號。
2. 徹底實施清理銷毀。凡不必保管之檔案，一律予以銷毀。
3. 辦理機密等級調整。文件機密性逾期減低或失效者，應及時變換或註銷之。
4. 加強臨時檔案移轉。臨時檔案室應定期將案卷移轉中心檔案室，以免緊急疏散，案卷冗積，無法清理消化。

（五）維護檔案安全：檔案之維護，管理人員應視檔案為第二生命之重要，時時清查整理，以資審慎。其維護要項分述於下：

1. 經常檢查及改進典藏設備。
2. 加強門禁措施。
3. 精選檔管人才。
4. 加強檔案維護工作。如：保密、防霉爛、防火災、防蟲鼠、防污損、防塵垢、防敵襲……等等。
5. 檔案損失，慎重處理方法：

(1) 檔案有破損者，隨時以裱補、鑲補方法修補之。

(2) 檔案毀損嚴重，而需永久保存者，應予重製。

(3) 檔案損失，除查明責任議處外，應設法補救，並呈主官核定之。

三、研究發展事項：檔案管理，不可墨守成規、應不斷研究發展，以求精進。目前檔案尚待進一步研究者，可概分三項說明如次：

（一）創建檔案縮攝留真：各單位之重要慶典、會議、講演、接待貴賓等應予攝影錄音。此外題詞、題字、手令、手稿，以及其他有關重大事蹟，均應予縮攝留底，一併送歸特藏。

（二）編制各專輯：不僅供行政稽考、史料簡擇，更可宣揚我國家民族的真實史蹟，粉碎偽造歷史，爭取國內外人士對政府的向心力。茲列舉三項於下：

1. 編製重要檔案案名索引專輯。以典藏檔案之案名，分類彙編案名索引專輯，以供行政上查案之參考。

2. 編製重要檔案案情提要。對永久性之檔案，就原案全部資料，撰述全案案情提要，分別編列於各案之案首，以供行政參考及史料簡擇之用。

3.編輯典章文物專輯。以重要檔案中具有歷史價值之典章文物，另編專輯，不惟供蒐羅史蹟之用，兼可宣揚中華文化，以增國光。

（三）研究檔案資料電腦作業。凡屬重要檔案，將內容摘要填入所設計表卡內，以便電腦處理，而能迅速提出正確資料。

丁、結　論

綜上所述，檔案管理的好壞，端賴檔管法規的完整與制度的建立，使之管理單位一元化，作業程序系統化。

檔案管理之臻於完善，其中關係雖多，但最重要在從分類立案著手。鄭樵說：「類書猶治軍也，若有條理雖多而治，若無條理，雖寡而紛，類例不患其多，患處多之無術耳！」由此可知，分類得當與否，對於檔案發展具有莫大關係。所以分類實為檔案管理極重要的關鍵。因此，分類要綱目清晰，符號明確；立案則名符其實，次第有序；而調卷則如反掌折枝之易也。但要求檔案管理趨於一致，務須運用科學方法管理、始臻條理分明，查調方便，發揮行政功能。

際此科學昌明之日，檔案管理，更不宜墨守成規，應不斷研究發展，共同為檔管制度奠定良好基礎，並隨時代而進步，以期達到系統明確，識別容易，記錄詳備，處理簡便，保護週密，檢調便捷之最高境界。

後記

本文係作者服務總統府時，於六十二年舉行職工論文競賽所提出之業務研究，當時參加職工作品約一百七十餘篇，經聘請國策顧問蕭錚先生等名家初評選出五十餘篇，最後鄭秘書長彥棻先生點定，正式錄取十七篇，此文列前五名，評為甲等，在年終動員月會上由秘書長鄭先生親自頒發獎金，予以鼓勵。

總統府檔案，自本文提出後，始著手澈底整理，閱二年完成，頗明綱舉，煥然一新、微收建言效益、聊以自慰也。

蕭欽補記

二、劉七學與五里三進士

民元三十有一年春正，隨家嚴安行公赴縣（古興國州今改陽新縣）屬慈口里親戚家拜年，途經四角山，穿山谷而至烏崖之袁家莊，乍見後山數座碑坊，父告余曰：此劉七學也。劉七學者何謂也？蓋以劉姓墓園之風水奇秀，致後裔七人連年中選進士而得名。

相傳宋末，有劉四郎者，居慈口里烏崖山山麓，自結茅舍，無恒產，常行乞與妻相依為命。後生一子，及長，即命其與村鄰大戶人家牧牛為傭，其為人尚稱忠實勤慎，聰明伶俐，主人亦善待之也。及年將弱冠，詎料歲逢隆冬大雪，劉老夫妻以年衰體弱，難禁風霜侵凌，不旋踵而亡故，暫停靈柩宅旁，正愁無安葬之所，適有名地理師楊救貧堪輿至此，憩足其家，與之閒話時，得悉上情，因憐其貧而感其為人忠厚，乃謂劉曰：「汝宅右邊之山坡無雪處，乃一吉地，對面排列七峰，葬後將可連發七位貴人，願代為點穴。」復正言告之曰：「此地為猛虎形，葬畢，孝嗣須遠徙他方，以後並不得親臨祭掃，始可避凶獲吉。」聆其言，以為先父母既得一吉地長眠，其他則在所不計。惟以該地係其主人所有，乃往央求恩賜，主人以原屬荒邱，慨允之。劉子不禁悲喜交加，感激涕零。於是遵囑擇訂吉日良辰，定向告窆下土，安妥先靈。封樹既畢，檢點行囊，遠離家鄉。

元初，其子孫西遷四川巴縣定居後，由是境遇日順，家道益昌，孫枝綿延蕃衍。及至明朝，科名鼎盛，自劉規於成化己丑登進士後，子劉春、劉台，孫鶴年、彭年，曾孫起宗以至玄孫世曾、世賞，又相繼中進士者七，堪稱冠蓋滿堂，芝蘭競秀，其中且有劉春名列榜眼，官至禮部尚書。

丁是時，吾邑上陽辛里四角山之楊儒魯、土塘之徐綱及車橋之鄭宗學，先後進京應考，皆舉進士，依例拜見禮部尚書。劉尚書因知楊、徐、鄭等三人均係興國籍，回憶先人烏崖墳墓致西遷四川之故，首問楊，知烏崖之劉墓否？楊答曰：「舍下距烏崖劉墓五里。」次問徐亦答曰：「五里。」再問鄭，所答亦然。並申明環烏崖而居。其實楊住四角山，距烏崖約一里半，徐居土塘為三里，而鄭遠在車橋，亦不過四里耳。三人皆概估里程，故有不約而同均以五里為答之巧合，此五里三進士傳說之由來也。

劉尚書以祖先邱壠之所在，乃請彼等善為照料。嗣後楊儒魯得之，三任知州，升戶部廣東員外郎，歷任山東按察僉事，轉雲南按察提學；徐綱立之，登進士後，除陝西西安司理，擢兵部給事，晉吏部都給，歷任南京鴻臚寺、太僕寺、光祿寺及北京光祿寺卿，順天府尹，以及晉工部左右侍郎；鄭宗學汝志，初任四川巴縣知縣，行取御史，遷福建提學僉事，雲南布政使左參議，彼等官職升遷，一帆風順，不無獲其引薦之功也。

嘉靖己酉，劉尚書嫡嗣戶部給事劉起宗，以言事出攝武昌司理，專程赴興國州省墓，行抵距目的地近約二里之陽辛鎮鳳棲洞，藉歇腳以遊覽洞中勝境，忽憶先人遺下猛虎之危言，懍然不敢前往，特改就地備陳牲醴，拈香遙拜，聊盡孝思，並題詩鏤壁而返。詩云：

> 烏崖萬里遠攀尋，富水輕舠得近臨。
> 封樹長懷祖宗墓，烝嘗未表子孫心；
> 佳城已久人爭道，危語猶傳虎在林。
> 迷信莫除行或止，望天設祭酒遙斟。

是年，除州牧周鵬予表樹。明年，州判孫濂及州牧鄭聚東重修墓園外，州人徐綱等尤深感劉之知遇，亦於烏崖墓前，撰記勒石豎碑留念，至今屹屹猶存，信非誣也。

三、試論三民主義的勝利

提綱

一、導言
二、順存逆亡的定律
三、三民主義順乎天理
（一）民族主義的立場與作法
（二）民權主義的立場與作法
（三）民生主義的立場與作法
四、民心得失的關鍵
五、三民主義應乎人情

六、主義與世界潮流的關係
七、主義與人群的關係
八、結論

本文：

一、導言

任何主義或學說，必各有其觀點，各有其立場，由於觀點與立場之不同，於是主義或學說乃有甚多分歧的派別。僅就我國春秋戰國時代而論；當時諸子並起，百家爭鳴。除代表我國正統學派之儒家學說而外，有道、法、名、墨、兵、農、陰陽、縱橫、雜家，以及其他學說等等，極一時之盛。率皆各據其觀點，各持其立場，以是其所是，非其所非，聚訟紛紜，莫衷一是。姑舉揚朱墨翟學說為例：揚朱主為我，拔一毛而利天下皆不為。墨翟主兼愛，雖摩頂放踵，利天下為之。兩者一則見到人人能各善其身，則天下即可無事，而忽視社會人群之共同生活。一則見到人能兼愛天下之人，則天下即可無爭，而未見到人類情愛之生，始於一本。此皆其觀點立場上之差異，故當時孟子特詞而闢之，以為充塞仁義，惑世誣民，而為禍於天下。

由上以論，我們欲衡量某一主義之是非得失及其成敗，並必分析其立論之觀點，次及其立場，次及其辦法，而視其是否①順手天理②應手人情，③適乎世界潮流，④合乎人群需要，以斷定之。茲就如上各原則依次論述於下：

二、順存逆亡的定律

古人云：「順天者存，逆天者亡」。此言天道有不可違背之定則，違者必敗。此所謂天道，亦即天理。此所謂天理，即天地宇宙間自然之理。此天理之為何物，吾人可以從周易「天地之大德曰生」一語以明之。此一語即謂天地之所以成其大，即在其有生生之德。故以生物為心，即天地間自然之理或真理。天地之所以長存，宇宙之所以不滅，含氣之類，有生之倫，林林總總，充滿於天地宇宙間而新陳代謝，緜延不絕者，即此生生不息之理以維繫之。而此一生生不息之理，即天心之仁，亦即天理。人得天地之氣以為形，得天地之理以為性，即中庸所謂天命之性。惟此理至微，而人之所以異於禽獸與其他動物者，僅此幾微之理。我往古聖哲本其聰明睿智先知先覺之性靈，上法天地，為人道立極，以上合於天道，成為天人合一之道，而行之以誠。即此以理天下之繁，治天下之劇。使天下人物各得其所，各得其生，以至於天地位、萬物育。易曰：「立天之道，曰陰與陽。立地之道，曰柔與剛。立人之道、曰仁與義。」此即聖人以仁義主人而參贊天地之化育。亦即中庸率性之道。聖人為修明此道，以詔來聖，乃撰數義：「人心惟危、道心惟微，惟精惟一，允執厥中。」著為心法，此即中庸所謂修道之教。堯以授諸舜，舜以授諸禹，歷成湯文武周公而至孔子。聖聖相承，浸久而成為我國一貫正統思想與民族文化精神。

三、三民主義順乎天理

國父孫中山先生，上承我堯舜禹湯文武周公孔子一貫政治倫理哲學正統思想，兼採歐美社會科學政治制度精華及所獨見，創立民族、民權、民生的三民主義，以革命救國救民救濟全世界人類。其觀點，即集中於天地生生之理。認定民生為歷史重心。人類求生存為社會進化的定律，以為革命之原理。其立場，即嚮往於禮運大同篇大道之行也，天下為公之崇高理想，乃以大公至正之精神，作為革命的立場。然後以統於誠的知仁勇三達德，作為革命原動力。依據革命方略，循革命建國程序，以建立民有、民治、民享富強康樂的新中國，進而濟弱扶傾，底世界於大同。

（一）民族主義的立場與作法

在民族主義方面：　國父因見世界列強，以強陵弱，以眾暴寡。在其武力的壓迫與經濟的掠奪重重的侵略之下，世界上許多弱小國家或落後地區，皆成為列強的殖民地。於是世界上便發生民族間不平等問題，而我國所受列強的諸多壓迫，則更較各殖民地為尤甚。　國父為解決此一民族問題，乃提出民族主義，以打破民族間不平等。即　國父提倡民族主義之目的。在實行民族主義的辦法上有如下三原則：1.推翻滿清，建立民國，以達到本國民族之自求解放。2.合中國境內漢、滿、蒙、回、藏，以及苗、傜、黎、僮各民族，團結為一個中華民族，以達到中國境內各民族一律平等。3.以濟弱扶傾的精神，聯合世界上被壓迫民族共抗強權，達到世界上各民族一律平等，致世界於大同。要之三民主義的民族主義，即本於天地生生之理，為民族打不平，即為求取人類共同生存。實極順乎天理。徵諸「順天者存，逆天者亡」的定律，則三民主義的勝利，實任何人所不能否定。

（二）民權主義的立場與作法

在民權主義方面：由於在君主專制政體下，人民失去其自由平等的權力，或則由於權力分配之不當，而形成國家社會之紛亂。於是世界各國發生民權問題。自英國革命以後，繼之有美國法國之革命，皆為爭取民權而起。雖然時至今日在各民主國家，大多實施民主政治，但其國內人民所得到者，只是代議政治的間接民權。 國父有見於此，特提出民權主義，以打破政治上的不平等。 國父曾提示云：「民權主義是對內打不平的」。又云：「對國內專制打不平，便要應用民權主義」。故打政治上的不平等，以促進政治地位平等，是 國父提倡民權主義之目的。在實行民權主義的辦法上，採權能分開的原則。以人民須有權管理政府。在政權上人民除享有選舉權外，並有罷免、創制、複決三權，共為四個民權。而皆直接行使，成為全民政治。在治權上政府除獲有行政、立法、司法三權外，並有考試、監察兩權，共為五權憲法，以組織萬能政府。此外三民主義的民權，又為革命民權，須奉行革命三民主義者，始得享有此等權力。同時鑒於人類天生聰明才力之不平等，而欲使之平等，則惟有提高人類服務的道德心。 國父於此曾提示云：「人人應該以服務為目的，不以奪取為目的。聰明才力愈大的人，當盡其能力服千萬人之務，造千萬人之福。聰明才力略小的人，當盡其能力以服十百人之務，造十百人之福。所謂『巧者拙之奴』，就是這個道理。至於全無聰明才力的人，也應該盡一己之能力，以服一人之務，造一人之福。照這樣做法，雖天生人之聰明才力有三種不平等，而人類由於服務的道德心發達，必可使之成為平等了，這就是平等的精義」。因此，三民主義的民權主義，亦即本於天地生生之理。其為人類打破政治上的不平等，亦即所以保障人民平等自由的生存權力，實亦順於天理。由「順天者存，逆天者亡」的定律以論，則三民主義的勝利，又可得到一個論證。

（三）民生主義的立場與作法

在民生主義方面：自工業命發生後，機器代替人工，工人大多失業無法生活。且在機器高度生產下，社會富者益富，貧者益貧，以一貧富不均的現象，遂形成社會問題。由於此一問題的嚴重，當時一般社會主義人士，群起研究，發為論著。一時各國社會人士黨派複雜，多達五十餘種。但非徒托空言，未能提出解決問題的辦法，即或雖有辦法，而因觀察之不周，析理之不密，其論既出，反益滋世界之紛擾。至今而愈演愈烈，幾使半個世界人類均蒙被其禍。　國父當時深知此一問題即屬民生問題，為解決此一民生問題，特提出民生主義。　國父曾提示云：「民生主義，是對富人打不平的」。又云：「民生主義，是對資本家打不平的」。故對富人及資本家打不平，以促進社會上人群經濟地位平等，即　國父提倡民生主義之目的。惟因中國一般之患皆在於貧，在中國社會上只有大貧小貧之分，並無大資本家足以壟斷社會上財富。為思患預防，特提出解決中國民生問題兩大原則：1.平均地權：因為土地是人民生活依據的基礎，地權不均，即足以造成貧富之不齊。關於平均地權之法，一為地主自由報價，由地主自按當地的時價向政府申報。一為按價徵稅，政府即依地主所報之價，按百分比徵稅。一為照價收買，政府如發覺地主所報之價不實，得予按價收買。一為漲價歸公，即地價既定之後，所增漲之價，皆歸公家所有。此外對於農地，又特定「耕者有其田」辦法，以保障提高農民生活。2.節制資本：一為節制私人資本，即有獨佔性之企業或為私人財力之不能舉辦者，限制其經營。一為發展國家資本，即交通、礦業、工業等重大實業，皆由國家經營，利用外資及技術以舉辦之。因此三民主義民生主義，更是本於天地生生之理，為人類社會貧富不均打不平，以促進社會人群經濟利益之平等。在方法上是依據社會進化的原理，從互助合作以調和社會經濟利益，而各得均等滿足。並且此一辦法，是站在社會上大多數人群著想，為大多數人謀利益，而不偏於一階級。此一大公至正的立場，更符於天理。徵之「順天者存，逆天者亡」的定律，則三民主義的勝利，在此更得一明證。

四、民心得失的關鍵

古人云：「得民者昌，失民者亡」。此一古今中外之定理。何謂得民：即凡事能應乎人情者，而人民歸向之。所謂失民，即凡事逆乎人情者，而人民背叛之。口之於味，有同嗜焉。耳之於聲，有同聽焉。目之於色，有同美焉。人心亦有同然。人心之所同然者，即人同此理，人同此義，此皆人情之常，能好人之所好，惡人之所惡，即能得人之同情。反之，好人之所惡，惡人之所好，則必失人之同情。人之所欲，與之聚之，即為好人之所好。人之所惡，不以施人，即為惡人之所惡。孟子曰：「樂民之樂者，民亦樂其樂。憂民之憂者，民亦憂其憂。」民能樂其樂，能憂其憂，即得民者昌，則事無不成。反此者必敗。古今中外史實，其例至多，此千古不易之篤論。

五、三民主義應乎人情

我 國父創造之三民主義，即根據人情而產生。本之於民生的原理，持之以大公的立場，行之以平正合理的方法。幾此皆為憂民之憂，樂民之樂，而一無背乎人情。就民族主義而言：人無不愛其民族，欲其民族之能獨立生存而與其他民族平等。我民族主義，首即主張本國民族自求解放，及國內各民族一律平等。次並要求世界各民族平等，而以濟弱扶傾的精神，扶助被壓迫之弱小民族，以發揮人類同情之愛。由於孩提之童無不知愛其親，及其稍長無不知敬其兄，以及夫婦之愛親朋之愛，皆人心之所同然。我民族主義，特重道德倫理之發揚，以團結親愛之情。由於我國本於天倫之樂的家庭生活，為人情所同欲。故民族主義並主張推廣家族宗族擴充至國族，以為恢復民族主義的中心基礎。就民權主義而言：在政治上平等自由的權力，莫不為人所欲。我民權主義，除主張人民有本於革命民權的充分民權外，並享有身體、生活、居住、思想、信仰、言論、著作之一切自由。就民生主義而言：人無不欲其衣食住行育樂等等生活之滿足，同時亦不願見他人之疾痛窮苦而不能自存。此亦人心之所同然，任何人不能例外。惟別具懷抱者，則當另論。我民生主義，即主張以平均地權、節制私人資本，發達國家資本，從調和社會上大多數經濟利益，使人人得到生活均等的滿足，而不以暴力行使搶產分產。以上凡三民主義之所施為，無一不針對人情而發，以急人之急，樂人之樂，憂人之憂，而為人心所歸向。徵諸「得民者昌，失民者亡」的定則，而三民主義的勝利，又堪論定。

六、主義與世界潮流的關係

世界隨時代之演進，國家社會除有不可改變之綱紀倫常外，餘皆隨時代之進化而各異其宜。夏之尚忠，殷之尚質，周之尚文，即隨時代自然之演進，而各異其俗，各殊其制。如欲返今日於太古洪荒之世，則必為時代所淘汰。此亦世界潮流自然之進化，凡事之能適乎世界潮流者，則事無不成。反之必敗，而為世界潮流所淘汰。

世界潮流趨向三民主義， 國父讀史， 因見羅馬之亡，而民族思想起。歐洲英、法、德、義等民族國家，紛紛建立。此為民族思想潮流初起時代，及後在各國極端君主專制之下，民不堪命，再繼之有法國大革命，形成民權思想潮流而不可遏。及至十八世紀工業革命發生，工人失業，演成種種社會經濟問題。因而又形成民生問題潮流之澎湃。

國父見世界潮流所趨，已成為民族、民權、民生三大潮流集中時代，因創造三民主義，以適應世界潮流，並求同時解決此民族、民權、民生三大問題，而畢其功於一役。時至今日，在民族問題上，自第二世界大戰以後，亞非地區均先後掀起民族獨立運動。原來各殖民地，均依據民族自決的原則，紛紛建立起獨立自主的國家。在民權問題上：美國甚多學者均認三權分立的憲法，不足以適應各國政治的要求，而主張四權或五權的分立。其由於科學發達以後，人類生活範圍廣大，活動增多，以及因國際交通之發達，國際間接觸頻繁，為使政府適時處理事務，現時甚多國家，均認為加強政府權力，使之成為萬能政府，以適合時代的需求。在民生經濟問題上：甚多資本主義國家，早已如 國父所示：業經實行種種新制度。其最著者有四：第一為社會與工業之改良。第二為運輸交通收歸國有。第三為直接徵稅。第四為分配之社會化。近今更實施種種勞工法案，以及資方以按月扣薪付款，或分紅利搭配股票，鼓勵並優待職工購買本企業機構股票，已使勞資兩方有漸趨合一的傾向。即在共產主義國家內，最著者如蘇俄自實行馬克思共產主義失敗後，早於一九二〇年已改用新經濟政策，承認有限制的私有財產制度，及私人企業制度。至今更有放寬限制之趨勢。凡此種種，足證潮流所趨，世界各國均已走向我三民主義的大道。而我三民主義之適合世界潮流，其能取得勝利，更可計日而待。

七、主義與人群的關係

遺人以藥石，有時人喜而受之。遺人以肥甘，有時人怒而不受。此無他，需要與不需要之故。

三民主義合乎人群需要：由於三民主義順乎天理，應乎人情，適乎世界潮流，在其觀點之正確，立場之公正，與其方法之平實，現時世界各國為求解決民族、民權、民生三大問題，已正走向我三民主義的大道，其更合乎人群的需要，實已無庸著論。

八、結論

國父云：「事有順乎天理，應乎人情，適乎世界潮流，合乎人群需要，而為先知先覺所決志行之者，則斷無不成」。關於三民主義的勝利，根據上述各節，實有必勝之理。惟完成三民主義革命大業，當待我輩後知後覺者共同奮起，各矢忠誠，決志而奉行之。三民主義的最後勝利，祇在吾人之努力如何耳。

四、如何做個公務員

公務員應以服務為目的，不應以享受為目的；當以立志做大事，不當以立志做大官，立志不可以不弘毅，何則？蓋非弘不能勝其重任，非毅無以致其遠圖也。

吾人欲作好一個公務員，除立志之外，須持其志，毋暴其氣，朝乾夕惕，日日於斯，其心如秤之衡，不能為人輕重；其身如竿之影，不能為人左右，雖朱紫在前，莫能移也；斧鉞在後，莫能屈也。所謂千金之富，不能移楊震之廉，萬乘之尊，不能奪嚴光之潔，應知本身職責之重，勤慎廉明，全心全力，為國家盡忠，為人民服務。然公務員工作，包涵甚廣，責任繁重，性質特殊，事事極盡所能，毋怠毋忽；處處謹慎將事，必信必忠；並應以身作則，率先躬行，奉公守法，求新求行，事無分巨細，位不論高低，允宜以公僕自視，和靄謙恭，至誠肯切，本於大公立場，曲直分明，毋枉毋縱，矢志勿踰也。

其次對於日常工作，應做到今日之事今日畢，決不拖延至明日；一人之事一人辦，決不諉之二人，而革除推拖泄沓之惡習，以樹立分層負責之良規，似此，整個機關，人人上下一心，個個互相一致，以至擴大影響全國各機構團體共同奮鬥，則繼絕世，舉廢國，指日可底於成也。

註：本文係李生輝先生所提供寶貴資料，特此致謝。

五、「三民主義的本質」心得

我們革命的理論，就是三民主義，欲識三民主義的底蘊，必須了解三民主義的本質。其本質者何？曰：倫理、民主、科學是也。

何謂倫理？依文學本義：「倫」就是類，「理」就是紋理，引伸一切有條貫、有脈絡可尋的條理，是述明人對人之關係，其中包括分子對群體的關係，分子與分子間相互的關係，亦即人對家庭、鄉里、社會、國家和世界人類應如何？闡明其各種關係上正當的態度，訴之於人底理性，而定出行為標準者，即是倫理。

何謂民主？凡國家政事由人民作主者，以行主權在民之實，是謂民主。民主的精神，就是紀律。而其具體意義，就在法治。一個人民之權利義務，全在法治與紀律來作平準的標尺。民主政治，就是法治政治，離開法治與紀律，就不能講民主。惟有守紀律負責任的國民，然後他的國家才能自立自強，惟有能自立自強的國民，然後他的國家才能真正自由獨立，他的國民才有真正的民主。是以人民能了解是非，辨別正邪、惟正義是舉、惟殘暴是誅者，此民主充分的表現。

何謂科學？科學就是「窮理致知」，即古時所謂格致之學。國父說：夫科學者，系統之學也，條理之學也。凡真知特學，必從科學而來，故科學是要求精確，求真實，求系統，求條理。而這種求精確、求真實、求系統、求條理，就是真正的科學。

民主與科學，均是近代社會進化的產物，具有時代背景，不能脫離當時當地底社會，尤其依社會道德民族精神為其基礎。以充實內容。民八年「五四」運動，曾以民主與科學為口號，當時推翻了北洋軍閥和封建勢力。以後對民主與科學之運動，未聞繼起研究，來充實其內容，以鞏固三民主義國民革命底基礎。因為所談者，均只是無分際的民主，和無實質的科學。現今有了「救國」之口號，可使民主成為救國之民主，而不致變為賣國的民主；使科學為救國的科學，而不致變為賣國的科學。

其次，今後更須強調民族主義為「救國」的口號，來發揮民族獨立的精神，加強國民愛國的道德，建立民族精神的防線，才可消除敵人賣國的思想，進而打破其賣國的勾當，與三民主義中民族主義的最大武力。

我們要知道，民族主義重倫理，今以倫理的民族主義，攻訐反倫理的民族主義，攻無不克；民權主義重民主，今拿民主的民權主義，去打擊反民主的主義，擊無不潰；民生主義重科學，今又以科學的民生主義，消滅反科學的主義，則滅之必亡也。

由此觀之，建國復國工作，要實行民族主義，必須用倫理來實踐；要實現民權主義，必須用民主來實踐；要建設民生主義，必須用科學來實踐。足證惟有實心實力來建設以倫理為基礎的民族主義，民族方能真正復興和繁榮，惟有建設以民主為基礎的民權主義，民權方能堅強穩固；亦惟有建設以科學為基礎的民生主義，民生方能獲致實用。今 領袖提出倫理、民主、科學的口號，作為三民主義的本質，此千古不易的篤論。亦唯有本此理論，方能發揚三民主義的精義，使我中華民國富強於世界。

六、研讀「民生主義育樂兩篇補述」心得

反攻大陸，是我們所趨向的必需目標，收復河山，是我們所需要的必然事實，而建設三民主義的新中國，是我們所憧憬的理想，際此反攻在望，復國有期， 總統有鑒於此，特將 國父平生對於育樂問題有關的私人談話所提到政策和想到的辦法，以及 總統自己所訂出的方針和方案，加以闡揚，著成「民生主義育樂兩篇補述」一書，使三民主義蔚成完璧，以便作收復失土，建設自由安全社會的藍圖。自由安全社會，正是民生主義的機會，故除食衣住行四大需要外，而育樂兩大問題，極關重要。

「育」，包括生育、養育和教育三方面，所謂「生育」是指國民生育而言。當我國面臨存亡絕續嚴重關頭，俄帝控制大陸，實施其減少中國人口一半以上之毒計。基於此點，我們光復大陸，不但要在量的增加，且要在質的提高，而獎勵生男育女，實行結婚貸款，生期給假。所謂「養育」，是指每個人都能自立自主，人與人之間，又能互助合

作，兒童和老年，都有人保養，疾病殘廢，都有人扶持，所以 總統特指出政府地方機構，要籌設公立的婦產醫院，兒童教養院、托兒所，兒童保健院，及設置殘疾醫療機構，和設立游民習藝所與丐、妓收容所、養老院……等，此其安置老弱婦幼、疾癈鰥寡的具體辦法。又所謂「教育」，是指國民從舊社會瓦解中建立新社會的唯一方法，尤其是指導青年適應新社會生活的惟一道路，故 總統特指出過去升學主義、形式主義和孤立主義的缺點，並倡導智、德、體、群四育，和禮、樂、射、御、書、數六藝，一併融會貫通，使訓練一個身心平衡，手腦並用、智德兼修，文武合一的健全國民。此育的問題為反攻前後之急需。

「樂」即娛樂和康樂之意，其作用：第一，使一般國民的身心能夠保持平衡，第二，使一般國民的情感與理智能夠保持和諧，有了以上二者，便是一個健全的國民。要增進國民的康樂，首先要為國民造就康樂的環境。這康樂的環境，正如 總統所提示的「鄉村城市化、城市鄉村化」。一般國民有了康樂的環境，這要使增進心理的身理的康樂的藝術和習慣。在增進心理康樂有文藝、音樂、歌曲、電影、廣播和宗教等項目，在增進身體康樂，也是生理康樂，有使國民愛清潔守秩序，重節制之習慣。此習慣後，就要推行體育。無論球類與田徑、團體操均有其規則，此規則之宗旨是鍛鍊其個人的品格，養成其合作與服務之精神。如射擊、駕駛、操舟、國術、舞蹈……等與身體康樂，均有莫大幫助。不過特地要注意的，我們所提倡的是正當娛樂，決非破壞社會民情風俗習尚。

總之，民生主義之食衣住行育樂，六大需要，如欲解決之，必須全盤的建設計劃，如交通事業和工礦事業的創辦發展，城市與鄉村的均衡分佈，城市外的林泉、城市中的公園，和住宅的建築等項，又如科學教育，文化宣傳，康樂設備，衛生和醫葯等項，都須精神和物質的條件，纔能實行。所以在物質條件有地價稅、鐵路收入、礦業與礦稅收入，其他待開稅源與直接稅等財經來源，在精神條件有社會道德，國民知識和學問之力量。我們具備斯二條件，就可談到民生主義建設的最高理想，然則最高的理想為何？曰、大同社會即是，須知民生主義社會建設是由小康社會進入大同社會，我們的社會進入大同階段，便是自由安全社會了。也正是我們研讀民生主義育樂兩篇補述所論据建設自由安全社會制度的最高理想。

七、研讀《重建本黨基本問題》心得

一、政治工作的基本問題是什麼？

政治工作的基本問題，主要是實行三民主義、奉行　國父遺教，建立我們的中華民國成為三民主義的國家，建立我們中華民國的政府成為五權憲法的政府。然則其基本問題究竟是什麼？就民族主義言：即國民教育和培養國民教育師資，最主要的是培養國民精神，民族道德和民族智能，尤其注意百年樹人的根本問題。就民權主義言：即　總理所講的地方自治、對公職候選人舉行考試，以甄別其資格，使其養成守法負責的精神，以建立真正民主制度的保證。就民生主義言：即平均地權，節制資本。前者係改正農村經濟社會貧富不均的畸形現象及優良的倫理傳統；後者除節制私人資本外，一為建立工業社會，一為發展國家資本。換言之，使國家走向工業化的道路。

其次，一般普通行政基本工作，是在建立社會，特地是在建立現代的社會。因為社會無基礎則零亂殘破，毫無秩序，一些政治工作，都是空中樓閣，縱有若干成就表現，亦完全是虛而不實的。所以政治是建築在社會的基礎上面，才是真正的政治，亦是政治的基本問題。況社會即政治的反射鏡。姑無論上舉三民主義的各種基本工作，均是建立現代社會這一項工作著眼做起。一個國家的社會是否健全，就看一般國民對他的兒童保育和畜牲的愛護，可以推想其國家社會的盛衰。故　總統一再重新提醒我們說：「就是政治的基本建設工作，是在於建設社會，建設現代的社會。」

二、過去我們黨政關係的觀念有什麼錯誤？怎樣才能改進。

過去我們黨政之間都注重從政黨員的管理，而忽略了運用黨員協助推行政府的工作，結果就始終是政府作政府的事，黨部做黨部的事，最後更把黨做成了衙門，甚至演成黨部與政府並立起來，只見矛盾衝突，毫無分工合作，表裏協調，彼此合作之關係，此過去黨政關係的觀念上之根本錯誤。我們既明瞭過去黨政關係的錯誤，今後除管理從政黨員以外，必須：1.要運用各縣市當地黨員協助當地政府，貫徹黨所決定和支持的政策。

2.要使黨員到群眾中去，結合群眾，領導群眾，為民服務，為民除害。3.現在必須培植這樣在鄉村中為民服務的基本黨員，將來恢復大陸時，才能深入大陸群眾中，擔任大陸地區基本工作等才能有所改進。

三、目前的基本工作是什麼？怎樣完成黨員應盡的責任。

目前黨的基本工作，第一、是要由全黨大力推行「加強黨的組織基本綱要。」為著推行獲致期效。必須：1.擴大黨員實踐運動，以貫徹黨的領導，推行黨政策，實踐黨決議。2.規定黨員工作，並加強黨員工作的指示，提高黨員對黨服務的熱誠，必須針對黨員的社會成份，以及工作興趣，賦予一定任務。此外是對一般黨員規定事項：甲、指導黨員對耕者有其田的制度的貫徹。乙、鼓勵黨員深入鄉村自治機構服務。丙、指揮黨員協助糧管工作，並助管經濟與合作。丁、各級黨部應就地舉辦補習學校或職業夜校。上述不過指導黨員分配黨員的工作而已。但最關重要的，須著重各種工作步驟與工作方法的指示與考核，使能遵照計劃規定實施，這樣才算完成黨員應盡的責任。

四、工業社會與農業社會有什麼不同？

農業社會壞在狹小淺陋、偷懶自私，在工作上不懂如何分配工作，在精神上不知怎樣團結奮鬥，而在觀念上則重私輕公、有家無國。簡言之，則重感情而輕法則，好散慢而惡集中。尤其不慣組織，缺乏時間的觀念。若工業社會則反之，貴在擴大繁榮和勤公棄私，在工作上合理分配，在精神上一致集中，在觀念上重公輕私，有國有家。易言之，即重法制而輕情感、好集中而愛喜自由，更是慣於團體組織，遵守時間、把握時間。不過農業社會，亦有惇厚質素，忍苦習勞的樸實風氣。尤其敬老扶幼、除暴安良，守望相助，效死勿去的行動，來發揚其保家護鄉、團結奮鬥的精神，此工業社會所不及者。

五、我國社會有什麼特殊習性？有什麼優點和缺點。

我國社會有大陸國家與農業社會兩種特殊習性。在缺點方面，大陸國家的習性——就是安土重遷和安居樂業的心理，基於此種心理之影響，大都缺乏積極、進取、協同、合作與主動的精神：因之亦無研究發展、創造和負責的習慣，致千百年傳來的祇有遲鈍、粗重、散漫、消極和自私的習性。農業社會習性——則壞在狹小淺陋和偷懶自私，在工作上不懂如何分配工作、在精神上不知怎樣團結奮鬥。而在觀念上尤其重私輕公，有家無國。簡言之，即重感情而輕法制，好散漫而惡集中．特地是不習慣組織，不重數字，缺乏時間的觀念。在優點方面：大陸民族是有其車同軌、書同文、行同倫、優美的規模和制度，而且農業社會亦有淳厚質素、忍苦習勞的樸實風氣，尤其它以敬老扶幼、除暴安良、守望相助，效死勿去的行動，來發揚其保家護鄉、團結奮鬥的精神，殊屬可佩。

六、什麼叫做科學化！怎樣發揮科學化的精神？

現在的精神基本就是科學，而科學的精神基本，就是在於發展，亦即在於研究，在於深入貫徹與實踐，我們所謂：「格物窮理。」「慎思明辨」。就是科學精神的根本所在。所謂：「化」，即「存神過化」的意思。也是心領神會，所有一切行動。生活、工作，都能與科學精神和科學方法，融會貫通，使習慣成為自然，那就是稱為科學了。然則如何發揚科學化的精神？我們惟有正視現實，探求精蘊、不斷研究、不斷發展，那才是發揚科學化的精神，也是走向科學化的捷徑。所以要從腳踏實地，窮根究底的研究，去求工作發展、從失敗方面去研究求工作成功。從缺點方面、去檢討求工作進步。尤其要不重表面，不求形式。要看實質、要有精神。　總統在今年元旦提出新、速、實、簡的要求，正是發揚科學的精神。今後革命的成敗與國家的復興、全在不斷研究，不斷發展的科學精神和科學的戰爭。

七、組織化的精神何在？怎樣以個體來鞏固組織的整體。

組織化的精神，就是一切要集中組織、尊重組織，換言之，這是要萬眾一心、協同一致。如何一以個體來鞏整體？蓋必然能獨立作戰和自動馳援，一切為著組織，健全組織，才能以個體來鞏固組織的整體。為什麼？因為組織裡面無個人成見、組織裡面無個人自由、正因其無個人成見和個人自由，而發揮真正的力量。

八、什麼叫做制度化的精神？建立制度的基礎是什麼？

制度化的精神，就是要平等和公正，要有久遠宏大的規模與切合實際的準則，更要簡單易行、不重複、不抵觸。若建立制度的基礎，即　總理所遺留給我們的主義，方略和計劃，因為三民主義、建國方略和實業計劃。是我們建黨建國的張本。所以無論在製訂任何制度，任何法規，或者是在計劃任何工作，執行任何任務的時候，總要先研究遺教，作一切措施的基礎。否則，憑自己的智慧來定他的辦法，那就談不上建立制度了。

精神，即行為意志的表現。所謂憲兵的精神，即我憲兵各個人的行為意志，表現於革命事業者而言。我憲兵自有史以來，卻具有其優良的傳統精神。但為迎合時代革命需求，除應發揚過去優良的傳統精神外，更須建立憲兵新精神，才能爭取事功以完成我們的使命。

八、研讀「培養憲兵新精神」心得

司令王中將對於「培養憲兵新精神」，特列舉六大綱要，以訓勉全體官兵。即：一、我們的特性，包括政治性、警覺性、機動性及戰鬥性四種。二、我們的目標，包括做領袖的鐵衛隊、做三軍的模範兵、做官兵的好朋友及做社會的安定力四種。三、我們的觀念，包括勤務就是訓練、勤務就是戰鬥兩種。四、我們的要求，包括多想、多學、多做三種。五、我們的作風，包括不講特殊、不佔便宜、不說小話、不走小路四種。六、我們的態度，包括服勤認真、態度和藹、禮貌週到及說話客氣四種。以上所列述者，我們如能深加體認，舉一反三，確切奉行，即是蔚為風氣完成革命大業。茲依照個人研讀所見特述於下：

一、我們的特性

領袖訓示說：「我們做憲兵不能如普通軍隊一樣，因為普通軍隊，其職責不外保障國家、抵禦外侮，或是防止反動份子在內地擾亂。而憲兵就不僅是保障國家、保護革命，而且要保護我們革命黨、革命政府和革命　領袖，所以其職責格外重大。」因此憲兵的屬性，基於軍事的需要，是戰鬥性的部隊，基於革命的要求，是政治性的兵種。

由於憲兵是政治性的兵種，我們憲兵便須具有政治作戰的修養，深刻瞭解組織戰、心理戰、謀略戰、情報戰、群眾戰、思想戰等運用的方法和手段，以及保防、應變等的技術和作為。從政治戰上來瓦解敵人，以達成軍事戰的徹底勝利。我們在思想上須絕對純正，只知有一個主義——三民主義，一個領袖——蔣總統，一個政府——中央政府，一個信念——革命必成，一個目標——重建三民主義新中國。我們在精神修養上，須養成堅強的意志力、高度的忍耐心、熾熱的貫徹力、積極的開創力。我們在品德涵泳上，尤須養成忠貞、誠實、和平、勇敢、廉潔、慧敏、端莊、寬厚的品格和德性。

由於憲兵為戰鬥性的部隊，我們除具有嫻熟精練的戰鬥技能外，尤須具有無比堅強的戰鬥意志與成仁取義不計生死的犧牲精神。領袖訓示說：「憲兵不但隨時要打杖，尤其隨時都要表現出軍隊勇敢與犧牲的精神，比一般部隊更重要。」又說：「憲兵常是一個人服務，艱難危險都要一個人擔當，糾察軍隊的軍紀、風紀也是單獨執行，這重責大任，必須很大的決心與毅力和大無畏的精神，才可以做到。」由上所示，我們不但在政治上要做一般部隊的領導，就是在戰鬥上也要以勇敢果決的精神，作一般部隊的表率，才能奮發全軍的戰鬥意志，因為求取革命戰爭的勝利而奮鬥。

因為憲兵兼具政治與戰鬥的雙重特性，其賴以擔負任務達成使命所須具備的條件極多，而警覺與機動尤為憲兵所應具備的兩大條件，與上述的政治性、戰鬥性同為憲兵的四種特性。

事有必至，理有固然。舉凡一禍亂事件的發生，都有其演變的跡象。惟能具有高度警覺性留心事物的人，方能見微而知著，因而防患於未然，弭亂於無形，我憲兵負保障國家、維護地方秩序安寧的責任，當此敵我生死搏鬥期間，敵人的潛伏滲透，當無微不至、無孔不入。我們不能看到目前台灣的安謐，即可認為奸諜業已絕跡，因而鬆弛我們的警覺，反之，我們更當於接觸在週圍的每一個人、每一事物，都要隨時注意，隨處注意，予以深入的考察與分析。遇有可疑之處，我們即多方偵查，追根究柢，使之無所遁形，逃脫我們的佈置與掌握。此為摘奸發伏必經的過程。必如此才能有所發現，予以防制，盡到我們所負的責任。

事有其常，也有其變。處常貴能定，處變貴能動。我憲兵有經常執行的勤務，也有臨時派遣的勤務，此外為鎮壓暴亂、防制破壞和反動事件的發生，便有緊急出動的任務。因此，關於兵力的使用，即應就有限的兵力，作適當的分配，以便適應突發的事件，達成任務。為爭取時間，除人員、交通工具應有適度的控制外，平時更應有詳密的應變計劃及多作高速行軍的演習，以增強官兵的體能，俾能在車輛缺乏的情況下，快速徒步出擊目的地，此之謂機動，不獨應變須如此，才能迎合事機，收致功效。即凡定一方案，擬一辦法，都應富有彈性，俾能機動調整，不致有窒礙難通之弊。

二、我們的目標

主義、國家、領袖、榮譽、責任是革命軍人的五大信條。我們憲兵更有保障國家，保護革命、保護　領袖的責任。在今天來說，　領袖就是主義的象徵和國家的象徵。只有　領袖的存在，主義才可昌行，國家才能重建。因此，保護　領袖就是保障國家保護革命，這是我們的責任，也是我們的光榮。我們如何保護　領袖呢？那就是要作　領袖的鐵衛隊，為了　領袖的安全，我們要以鋼鐵般的身手，鋼鐵般的意志，鋼鐵般的作為，隨時隨地負起扈衛　領袖的責任。我們頭可斷、血可流，而不可使敵人有絲毫危害或驚擾　領袖，當然我們除了以絕對的忠貞矢勤矢勇保衛　領袖的絕對萬全外，我們執行特別警衛前更當有周詳的計劃，嚴密的佈置，使奸宄無機可乘，無隙可入，並做到早期發現，迅速撲滅，才是達成警衛勤務的萬全辦法。

我們的基本勤務之一，就是糾察軍紀，紀律是軍隊的命脈，有嚴整的紀律，才有精鍊的軍隊，才能進可以戰、退可以守，求取軍事勝利。軍紀的整飭，我們雖然不能放棄糾察的責任，但糾察只是整飭軍紀的消極行為，而最重要的有效辦法，則須從我們本身做起，要為部隊官兵的模範，以身作則率先躬行，端正我們的品德，整肅我們的威儀。不做非法的事，不做犯紀的行，切實做到非禮勿視，非禮勿聽，非禮勿言，非禮勿動的境界。如此，以勸導代糾察，以身教代言教，則部隊官兵觀感所及，即能收到潛移默化之功。

三軍一家，三軍一體，我們憲兵與部隊之間，無論基於革命的道義情感或職責的問題，都有團結合作的必要。我們要取得三軍官兵的友誼，除須不時進行聯繫工作外，我們更要多做維護軍益的事，為他們多多服務，比如危難的救護，疾病的扶持，困苦的救助，只要我們能力所及，我們便和他們結成患難與共的好朋友。如此軍憲一心，其有助於革命事業的進展，當為不可估計。

有安全的社會，才能發展一切有關革命的事業。我們負有維持地方社會治安秩序的責任，雖然這不是我們憲兵的首要任務，但基地的安全，是整體而不可分，因此，我們要達到維持社會治安的目的，除了要與警察、情報治安機關多作協調合作外，更須瞭解勤務責任地區的全般治安情況，掌握地區內社會環境，並運用組織與後備憲兵潛力，深入社會各個角落，掌握社會各個階層。此外我們更要作軍民間的橋樑，為他們調解糾紛，消除隔閡，以增進軍民間的情感，促進軍民合作。在我們勤務工作中，我們更應多為民眾服務，為他們排難解紛解痛苦。如此，我們在民眾敬愛向心之下，自能掌握社會全般情況，作為社會的安定力。

三、我們的觀念

觀念的正確與否是事業成功或失敗的最大關鍵。無可諱言的，我們憲兵同仁中不少有認為憲兵是勤務部隊，只要服好勤務，即為已足，不必時時訓練，以減少官兵身心疲於訓練之煩。殊不知訓練就是充實官兵服務時所應具備的品德與學術技能。且因為學術隨時代之進展而日新月異，我們僅憑過去所受的教育，決難完滿達成勤務的要求，不有及時訓練，則必為時代所淘汰。司令王中將特別強調：「勤務就是訓練，勤務就是戰鬥」。其意在此。因為接受訓練時就是學，是學服勤務、學戰鬥。執行勤務時就是習，是實習勤務、實習戰鬥。勤務地區是課堂。我們除了實習受訓時所學得學術知識外，我們更可以隨時隨地取得課堂上所未講授的知識或學問。古人所謂天地間到處都是學問，只要我們留心，府首就可拾得。勤務地區是戰場，不但我們在勤務地區服行勤務，就是和敵人進行冷戰，而隨時更有發生實戰之可能。所以我們一方面執行勤務，一方面更須提高警覺，加強戒備與敵人進行實兵戰鬥。繼學習之後，我們還須檢討。何者是對，何者是錯，我們更須下一番檢討研判的工夫，然後從研討結果中獲得一些真實的知識。又由於學海無涯，上述學術的日新月異，為補充我們知識的貧乏，又繼之而有訓練。明乎此，我們就要改正我們的觀念，確認勤務就是訓練，勤務就是戰鬥，二者合一而不可分。

四、我們的要求

由於我們使命重大，成功或失敗直與革命前途攸關。因此，我們處理任何工作或執行任何勤務，事前都要特別慎重，不可掉以輕心。我們無論對自己或部屬都要實行如下的三要求：

一、多想：任何事理都有其重點或原理所在。其重點則順利易行而成功也速。反之、則如治絲易紛，只有失敗之一途，絕無成功之希望。惟此事理重點之所在，必須用我們細密的頭腦和心思多方思考，多方搜索以獲得之。所以多想是我們達成任務的第一個要求。

二、多學：學問為濟世之本。 國父說：「革命的事業寓於高深的學問。」我們身為革命憲兵，所需要於學問者更為迫切。在此科學日益昌明之時，無可諱言的，我們所不知不解的實在太多。為充實我們的知能，唯一的辦法只有虛心學習。一分耕耘，一分收穫，只要我們肯精心學習、定能有所補益。所以多學是我們達成任務的第二個要求。

三、多做：領袖的力行哲學告訴我們，行是性之表，是與生俱來的，行的目的是行仁。我們今天身為憲兵革命幹部，擔當革命任務，也就是行仁。只要我們遵照　領袖行的法則，篤實踐履，絕無不能成功之理。語云：「只要工夫深、鐵杵磨成針。」又云：「天下無難事，只怕心不專。」語雖淺近，實有至理存在。所以多做，是我們達成任務的第三個要求。

五、我們的作風

每一個人或每一個團體都有其各自獨特的作風，成為其各自行為的準則。我們是革命的憲兵，我們的作風就要光明正大，只知有人，不知有我，只知利他，不知利我，在這種前提之下，我們要做到：

第一、不講特殊。雖然我們的地位特殊（軍師民保），但不能以此特殊地位自高自大，輕視他人，或利用此特殊地位故意找人家麻煩，予人以難堪，及其他一切不正當的行為。

第二、不佔便宜。一個佔便宜的人，必是極端自私的人。我憲兵以身許國，有時雖犧牲生命尚不顧，更何便宜之足圖。

第三、不說小話。說人之長，道人之短，播弄是非，引起爭端，以逞個人之快，這是極卑鄙的行為，有此行為者當一個普通公民，猶感不夠，何足以當革命的憲兵。

第四、不走小路。一個非常的人，只知做大事，不知做大官。我們幸而生逢時會，參加革命憲兵陣營，擔當革命大業，雖高官顯爵之榮，均不足以與之比擬，如此而要走小路，找門徑，從事升遷之鑽營，其卑猥更不足道。

六、我們的態度

憲兵是執行軍紀、維護治安單位，在完滿達成任務期求下，我們應抱如下的態度：

第一、服務認真：　領袖訓示說：「憲兵一定要嚴厲執行職務，不要有一點遷就客氣，更不要有一點循私苟且。」這就是是告訴我們服務要認真，我們為了達成勤務上的目的，只有在態度上方法上力求改進，而工作上的立場不能放棄，法規上的尊嚴必須維持，方為善盡我們的責任。

第二、態度和藹：我們過去在勤務上引起的糾紛，固然有時是因對方的態度過於倔強，不服糾正，但是有時也因我們的態度太過嚴肅，有欠友善，在「敬人者人恆敬之」的古訓下，今後我們執行勤務，只要不失立場，我們的態度，儘可極端和藹，使人覺得可敬可親。如此，則難予以糾正取締，亦當樂於接受。

第三、禮貌週到：禮節是人與人間建立情感的唯一要件。軍隊禮節早有統一規定，無論任何官兵，均須切實遵行。我憲兵執行勤務，常因禮節問題引起彼此間之不愉快。今後應即加以改正，只要對方高我一階，都須先行向其敬禮，作到本身禮貌週到，使之無可藉口，然後執行職務，或予說服，或請其自我改正。

第四、說話客氣：語言親切友善，也是人與人間建立情感之一大要件。我憲兵在執行勤務上所發生之糾紛，除以上有關態度禮貌者外，說話之有欠技巧，亦為一大原因。古人謂：「一言可以興邦，一言可以喪邦。」又云：「病從口入，禍從口出。」可知言語關係之重大。今後為了減少勤務上之糾紛而達成勤務上之目的，我們說話務須切實客氣，做到開口說請，閉口說謝。

綜上所述，僅是個人依照綱要略陳所感，雖淺顯無甚高論，但期個人自身能就所述，一一實行，則於培養憲兵新精神，當亦不無裨益也。

九、風窗展書讀古德光彌奕

──為紀念　成文惕軒先生逝世十週年而作──

飛光快如梭，人生何其暫，轉瞬間　惕丈作古已十稔屆臨矣。集其一生，掄舉英髦，盡瘁黨國，諸多文采事功之犖犖者，自有史筆記之，茲不贅述，鄉晚謹將個人所聞、所見、所受諸端，縷陳如次。

一

我識　惕丈，溯自抗戰勝利後三十四年間返梓──龍港省親，余亦於其時應邀參加族中青年勵志會，故在上址光華叔公寓所初次識荊耳。再見壁懸其書贈聯云：

六經讀罷方拈筆；

五嶽歸來不看山。

覩清顏之藹藹，知智量之洋洋。上聯固非所撰，即書贈與人，亦代表其意念與懷抱也。更有法書遒勁，風骨嶙峋，故此頓生景慕之忱。

惕丈自幼即穎慧過人，兼之殷勤苦讀，努力不懈，其後之卓有成就者此也。鄉里傳聞，龍港有名曰成汝器（惕丈當時學名）者，除學堂（私塾）專心課本外，放學途中亦不稍息，一以行走，一以背誦課文，因此，且行且背，足不停步，口不停誦，心不停維，待課程背誦畢，始覺經家門而忘入，越村路已迢迢，方折返回家，且如斯者屢之。

復聞從鄉儒蕭彩庭先生游，及三年己傾囊授罄，即薦繼從羅田大儒王葆心先生游，得授博覽群經新籍，學益銳進焉。

又聞　惕丈於南京時，由於單身貴族，為便潛修，卜居於夫子廟附近，當時黃杰將軍以其博學必將大成，建言應拜訪當今市長石瑛蘅青鄉前輩，必獲賞識，某日遵示晉見石市長，抵市府引進市長辦公室，恰逢市長因公在外尚未返府，　惕丈於等候之間，成律詩四首置於桌屜內即離去。市長亦以公務繁忙久日未開抽屜，有一天由於案牘較少，批畢公文，飲茶稍憩，隨手拉開抽屜，猛見律詩四首，閱覽一過，以詩句不凡，即追問此詩為誰人所撰，並囑來見云。

又以欣逢石市長召見時會，獲識北洋政府高等文官出身之徐若霖秋農先生，經過交談，始知誼屬同邑之小同鄉，彼此故里相距不逾三十華里，後日久相交，認識亦深，再睹其學博才高，為人忠誠篤厚，遂以其妹——徐文淑女史妻之，一時傳為佳話。

以上數端，尚少見有人提及，特掇記之。

二

某日晉謁 惕丈，恰逢一中年人士前來懇求職位，備有金華火腿乙隻，以表誠心敬意，而 惕丈除允予留心託付之事外，認為餽贈過重，堅拒收納，客人不得已攜禮物離去。其清廉之操，助人之忱，不多覯也。

又某次有富商拜託撰壽序，願贈一筆不小之酬勞金，詢其生平事蹟了無可序，並聞其行事聲譽欠佳，當予婉拒不文，該富商赧赧然辭退。知其不應「為富不仁之徒」之介眉文字，嚴守為戒，洵可佩也。

上述二事，一般人以為酬勞應得之報償，而 惕丈則以收受過重餽物者涉貪，揄揚溢量者涉諛，硜硜自律，未嘗稍渝也。

或以　惕丈一目十行，未之能信，某次徐玉成兄邀余赴總統府晉謁，偶遇一來客攜文稿約千言，請求刪正，而　惕丈當即流覽一過，約時五分鐘畢，隨手抽出自來水筆，刪改數字交與來者，可十行俱下，閱讀敏捷，果不虛也。

自大陸變色，吾邑鄉親紛紛逃港避難者幾達百數人也。由於港、澳地狹人稠，生活不易，致分批入境來台者夥，諸多災胞鄉友，有賴　惕丈勤跑各公私機構，以適才適所，一一安排工作，毫不吝趾也。凡踵門求見者，無不立即迎迓會晤，其有求託付者，盡力而為，即吐握之間，亦不為拒，今觀諸同鄉，均各自成家立業，兒孫滿堂，聚談之中，靡不感念其濟助之大德也。

三

余三十八年冬隨軍轉進，由大陸雲南飛海南榆林，繼乘裕東輪來台，　惕丈亦以大陸沉淪，隨考院自重慶乘末班機直飛台灣，我往晉謁，當時其在大龍峒孔子廟廂房辦公，並告我因時局勢緊急，僅帶長子中英隨行及簡便行囊而已，繼垂詢我之情境，倘有必需可介入試院任書記，工作安定亦能溫飽勉之。當以局勢動蕩，又為現役憲兵士官，待遇優渥，特致謝關懷未就，至今思之，不無遺憾！

自德配徐文淑夫人攜家小間關來台，舉家團圓，初寓台北市館前街，繼遷中山北路，嗣考院宿舍於溝子口日本式木屋，最後定居新建眷舍迄今，數十年來踵門請教固多而受益亦匪淺也。諸如寫詩文呈請賜正，除欠妥字句刪改外，並鼓勵多讀書參加考試，奮力前程。余遵示於公餘勤研苦讀，數年後獲特考及格，薦派總統府為薦任科員，繼轉調監察院編審並歷任簡任編纂及十二職等專門委員等，累皆　惕丈不次栽培之功也。

余固不善詩文，但好讀書略懂平仄押韻，在軍旅中於閒暇時，偶有所感，間作吟哦，久積詩稿盈帙，彙整送陳　惕丈求教，榮獲題詞勗勉。詞云：

投筆從軍，前修可鑒；

願作班超，莫學王粲。

朱子家訓有句，「施惠無念，受恩莫忘。」余所受恩於　惕丈，浩如江海，因每逢喜慶，總不揣謭陋，恭譔詩聯，以表報德之忱！於七十年元月　惕丈七旬榮慶，敬撰壽頌一篇如次：

江水滔滔漢水湯。哲人天賦氣軒昂。詩成七步辭三準。日試萬言目十行。

少就大儒親有道。壯銘宏願久彌光。四箴信守風操亮。五頌中興姓字香。
銓選群英輝棘院。甄陶多士蔚膠庠。平生好善恩波渥。篤老傳經教化揚。
政事卅年懸藻鑑。文章百代耀旂常。藏山閣上春秋盛。來鳳簃中歲月長。
德厚神姿清且美。望隆杖國壽而康。蘭薰桂馥扶鳩笑。北海樽開醉羽觴。

又撰對聯三首：

其一：（鳳頂格）

楚寶善人陳五福；

望隆杖國祝三多。

其二：

好善憐才，胞與共河山並壽。

春風化雨　聲華合日月同光。

其三：（嵌首）

惕志厲清操，楷模百世齊千聖。

軒眉欣介壽，花甲重周又十春。

回憶　惕丈晚年因牙疾傷及神經，終告不起而辭世，悲慟之餘，恭撰輓聯，聊表哀思！聯云：

回首憶前塵，公識淺才，栽培不次。
傷心垂老日，我非大器，慚報無多。

又代擬陽新旅臺同鄉會輓聯云：

畢生歲月未曾閒，傳經世學，拔匡時才，著等身書，解災胞難。
昔日風徽仍宛在，立藻鑑功，揚文教業，造桑梓福，留不朽名。

四

上述雖末節小事，皆為鄉親晚輩莫可或忘之心聲，所謂見微而知著，由小而窺大，觀其一言一行，高潔風徽，堪為楷模百世；讀其雋語鴻文，憫人報國，不愧楚寶善人。以其好善憐才，足為百代師範；以其等身著述，當為千秋偉業。

噫嘻！文哲日已遠，儀型在夙昔；
風窗展書讀，古德光彌奕。

十、稟慰父親錄音詞

敬愛
父親大人：不孝男緒賀率妻黃靜儀子榮本女越華、梅華等，於中華民國七十七年國曆九月二十二日、農曆歲次戊辰仲秋月之十一日，在旅台家中客廳，行肅裝下跪之儀，謹敬錄音、上稟於
慈父安行公大人之膝前曰：猗歟
慈父，恩斯勤斯，威嚴有相，菩薩其心。推衣衣我，推食食我，其愛我也深；日課習文，夜課習武，其教我也嚴。立心求新，實事求是，訓誥我者切；從軍為政，立功報國，期望我者殷。以上謹記在心，刻骨不忘。

兒自三十五年初春，拜別
慈父而遠離故里，首抵武漢，原計陸續升學，由於行程耽誤，省城各學府已開課，

致就讀願違。時逢外侮甫平，而內憂未戢，遂與同學李超凡併肩從戎，接受憲兵嚴格之訓練，心存衛國；參加兗、徐、台海諸戰役，志在安邦。於三十九年秋，東渡台瀛，深感河山迴異，仔肩未卸，任務未完，再歷二十五年之軍旅奮鬥，階晉校官；旋繼棄武就文，歷十七年之從政，級敘簡待，剋當實授。及今出入樞院，躋身政壇，乃為國爭光，顯揚父母，豈為誇一人而譽一鄉哉？第兒之身體髮膚，受之父母，特重保健，不敢損傷。又古訓不孝有三，無後為大。兒於六十年春，娶妻成家，出子女者三，始傳宗有繼，幸能勤奮好學，和樂可愛，足堪寄予厚望焉。兒記庭訓，未敢稍懈，謹遵孝友傳家，學術報國。守分守紀，庶無忝於家箴；克儉克勤，期不愧於屋漏。此則聊可稟慰於慈父大人者也。

惟因世局變亂，征戰遠遊，致久別於

慈父竟達四十二寒暑，而不可得見者。噫嘻：

慈父一生為鄉里服務，為國家抒忠，為子女勞苦奔波，嘉言德行，至多極美，兒不能於痛念之中，畢述無遺。今慈父，思念兒輩纏綿病榻，更有目瞶耳聾，不自起居飲食者幾三十載。想　慈父在牀榻呻吟之際，連聲直呼兒名，望兒早歸。雖目瞶不得睹兒之容，耳聾不得聞兒之聲，必欲一吻兒額，一摸兒頭，以為心快神安也。噫嘻：兒之不孝，既不能盡菽水一日以養，復不能奉湯藥一匙以飲，猶在天之涯，海之角，久遠不得來會，罪深莫贖，苦痛奚如：吾實為之，其又何尤？彼蒼者天，曷其有極。然自古忠孝難全，忠者大孝也。憶　慈父當年，教兒苦讀詩書，勉以出外做大事、立大功，精忠報國，光耀門楣。伏望

　　慈父，恕兒移孝作忠，尤恕兒適逢離亂之世，遭遇骨肉之分，誠情非得已之苦，此則特稟告於　慈父而求諒宥者也。

　　今接獲務本賢姪和冬靜胞姊前後來信，洞悉　慈父因血壓高而福體懷恙漸惡，不能飯食，僅用流汁，病重體弱在危，囑函告兒必先親撰祭文一篇，錄音寄返，俾播放一聽，有裨助於　慈父心神安逸也。上囑恕兒不能從命。兒現改撰壽詞一闋於後，且明祝默禱於

上帝曰：佑我

慈父兮，早日復康。賜我

慈父兮，壽祿綿長。願我骨肉兮，歡聚滿堂。永保子孫兮，蘭桂騰芳。在

上帝之庇護下，自會　椿庭長健，嵩壽無疆也。

倘　慈父不幸限於天年，果爾上升兜率，返璞歸真，則兒定遵遺言，設奠隆重追悼，復邀請佛教或道教諸師傅，誦經超度，引魂於極樂仙鄉；勒銘佳城，封樹於鍾山南麓。並特將暫厝於石角山之母墓，移回與之合塋，俾二老長伴，面對青山綠水，臥看星宿斗牛，永遠含笑於九泉矣。亦可以贖不孝罪孽深沈於萬一。神其　清朗，欣然　明察。謹

此稟

告。

十一、雲龍山同學結訓六十年回憶錄

我憲三團教育（三）營營長張賢明中校於民三十五年招考憲兵，各位同學紛紛投筆從戎，加入憲兵團隊。三十六年元月十六日在蚌埠市南營房軍事術科開訓，四月期滿轉遷徐州市雲龍山繼續學科教育薰陶，又四月期滿結訓。此時原憲三團移防海南島，徐蚌地區任務，由憲廿七團黃團長祥烈上校接管，教育（三）營所有官兵除部份同學分發新憲三團通信連及憲教六團擔任訓練幹部外，其餘官兵編入憲二十七團屬第三營，同時憲教四團蕪湖赭山訓練營郭營長宗滂率全營官兵亦編入憲廿七團屬第二營，同時駐入雲龍山營區，稍作整訓後，分發徐州市、兗州、蚌埠及連雲港等服行憲兵地區任務。天津失守，部份憲兵十餘人來歸我團，戰力增強。

未幾，徐蚌會戰發生，我團任務遂由地區轉入戰地憲兵勤務，維護軍紀外並兼負防奸肅諜工作、維護空投場秩序，在冰天雪地與敵軍纏鬥四十餘日，我團官兵犧牲與失蹤者夥，戰力銳減，遂轉進湖南水口山整補後，奉命前進湘西芷江，剿滅土匪，綏靖湘西，此時團番號改為憲十八團，而獨一營葉營長冠軍奉命率官兵來歸合併為團屬第一營，團之戰力又增強，湘西土匪敉平後續奉命西進貴州，郊外屠雲關，由老司令谷主席正倫，支助補給後，團繼開拔雲南，分駐滇東霑邑及滇南之宜良、蒙自等縣，仍從事綏靖任務，殊不知雲南省主席盧漢投敵，我憲十八團，團長黃祥烈上校憲教六團團長常德上校及陸軍第八軍李彌將軍及廿六軍等聯合與叛逆部隊作殊死戰鬥，歷半月閱，卒以西南半壁變色，勢難久留，為求補給方便，我團由田代團長茂林中校率官兵暫編入廿六軍屬一一〇一部隊，集結於蒙自機場，由國防部派飛機三十餘架，接運海南島榆林港，稍作停頓，遇見憲三團通信連同學，為我（八）連同學接風押驚，手足情深可見也。未幾，層峰派裕東輪接運我團官兵至台灣高雄港登岸，轉乘火車至台中市待命，層峰核定一一〇一部隊返回憲兵陣容。此時團被裁撤，官兵分別編入憲兵一、三、八、九各團，我八連由梁培荷上尉率官兵列入憲九團九連。

自此之後，各同學隨環境而發展不一，有留軍中深造而有官至將校者，有偃武修文考上高普考而為特簡任者，更有依其專長從事工商業而奮鬥致富為經理，董事長者，當然也有時運不佳，終於落泊，落寞者亦有之，六十年來歷盡苦難，飽閱滄桑，有升官發財，享盡榮耀者，現在各位長官，各位同學先後退伍、退休及早經成家立業，兒女成群，更有可喜者雖老猶健，而均躋耄耋高齡，福氣也。

當然六十週年慶之喜日，聚集一堂，共敘往事與家常，希望各位長官與同學們，盡情開懷暢飲，不醉不歸，歡樂奚如。

對聯

一日為憲兵，終身為憲兵，歷盡滄桑，六十週年欣老健；
在營如兄弟，退伍如兄弟，喜逢集會，卅餘志士話家常。

其二

昔戰沙場，立功勞，垂不朽；
今歡餐會，聊逸趣，樂永康。

肆、老生課業

目錄

（二）大學中「自天子……至未之有也。」

十一、止於至善

十二、語譯：潮州韓文公廟碑首節

十三、試以語體文詳譯「忠犯人主之怒」之經過

十四、試以語體文詳譯「勇奪三軍之帥」之經過

十五、譯：潮州韓文公廟碑詩為語體詩

一、「秦晉殽之戰」讀後感

智莫智於燭之武之退師，忠莫忠於蹇叔之哭師，愛莫愛於弦高之犒師，而正莫正於原軫之斥釋三帥也。

何以故？夫鄭近於晉而遠於秦，秦得鄭而晉收之，此勢所必至；越國鄙遠，亡鄭陪鄰，闕秦利晉，此理有固然。燭之武智慮超人，洞悉利害攸關，雖齒齡老邁，卒許鄭文公之請，夜縋出見秦伯，首告以亡鄭乃以陪晉，繼曉以亡鄭即以亡秦，最後愷切引晉背秦一證，使秦伯不禁暗自膽戰心驚，是以慨允不但不去鄭而且戍鄭也。如此鋒言利語，不失為典型外交上縱橫連合之高明運用。所謂：「一言興邦。」誠哉斯言也。吾言其智者，未過譽也。

再論秦師密攻於鄭，老成謀國之蹇叔以言諫曰：「勞師以襲遠，師勞力竭，遠主備之，師之所為，鄭必知之，且行千里，其誰不知？」穆公勿從，蹇叔繼之以哭，且一哭再哭，以哭諫之，穆公終不自悟，嗣師果敗於殽，是秦再無第二高瞻遠矚如蹇叔者。而其諫之以哭，可謂動人心弦，真可稱一個忠愛國家之臣矣。

至論弦高犒秦一事，可謂前無古人。弦高，乃鄭商也，既非朝官，又未受命，可不予聞問也。弦高不以為然。當於途中遇秦師時，速將乘韋先牛十二犒秦軍，一以偽鄭早有所備，一以遲滯秦師之行進，一以派使通報返國，卒破秦計。伏間為之駭逃，來師亦轉滅滑，與十二牛可當十二軍也。弦高之機警愛國表現，可不敬佩乎！

最後持論者原軫。原軫只問是非，不畏權勢，只知國之忠愛，不顧君之溺愛，當聞三帥被釋，即怒曰：「武夫力而拘諸原，婦人暫而免諸國，鑒軍實而長寇讎，亡無日矣。」唾而不顧，其正直剛毅之氣概，不愧為大將軍之性格也。

顧亭林云：「國家興亡，匹夫有責。」我全國同胞應效法先賢先進，及時出力出錢，團結奮起，竭志盡忠，則掃除妖氛，光復失土，重建家園，指日可待也。

李殿魁教授批：持論平穩，有足觀者。

二、強國必先強心論

夫國者人之積，人者心之器，國家之治亂，繫於社會之隆污，社會之隆污，繫於人心之振靡，未有心不強，而國能強者鮮矣。心者何，忠心、信心、愛心和決心是也。

首先論忠心：忠心二字，並非徒托空言，應先在思想上認清，個人之生死與國家之存亡，絕不可分，吾人若不與國家民族之敵人作殊死戰，則國不保，國不保，則個人生命亦同歸於盡，所謂：「皮之不存，毛將焉附。」因此，我全國國民必須痛下決心，作三民主義之忠實信徒，效忠於國家，效忠於主義，效忠於大有為政府，將全心全力貢獻於復國事業，盡忠職守，認真工作。　總理說：「我們做一件事，總要始終不渝，做到成功，如果不成功，就是犧牲生命，亦在所不惜，這便是忠。」由此可知，忠心為革命奮鬥而犧牲之黨員，才是忠貞同志；忠心為復國工作而勞苦之國人，才是忠實國民。吾國有此堅強忠心之黨員和國民，則國家必臻於富強矣。

其次論信心：中國古時對於鄰國和對於朋友，均是講信修睦。所謂：「與朋友交，言而有信。」「民無信不立。」「人而無信，不知其可也。」此皆說明信用之重要性。做人處事須有信，創業經商須守信，而光復國土更須篤信於民不可。今日反攻復國工作，責任艱鉅，政府要領導民眾，獲民擁護，首在建立信用；國民對復國大業有所貢獻，必須有「自信」、「互信」和「共信。」亦即對自己有堅強之自信，國民與國民之間，亦須互相信賴，全體國民對於主義和政府，更須有共同而堅定之信仰，有此三信心，才發生無比之力量。似此，以之復國建黨，實現主義，未有不成功者也。是以吾人惟有互相規戒，共同策勉，人人立大信守大信，而後方能信心強而國必強也。

再次論愛心：昔時在政治上所講愛之道德，有所謂愛民如子，有所謂仁民愛物，無論何事，均用愛字涵容之。愛有廣狹二義，狹義之愛，乃以私人感情為出發點，愛個人、愛家庭、愛親友。至於廣義之愛，乃以公眾利益為出發點，愛國家、愛人民、愛同志。

與廣義之愛，又名之曰仁。所謂仁者無不愛即此。是以愛離開仁，變為以私害公之行為；而仁離開愛，則變為空洞虛偽之口號。我全國國民工作方面，生活方面，遇到利害得失，生死關頭如能本仁愛之原則，不損人利己，不以私害公，使個人利益為團體而犧牲，部份利益為全體而犧牲，一切為抗敵，一切為復國，似此充滿愛心，一團和氣，國乃復興。

最後論決心：決心者須多人決心，合群策群力而為之，非少數人所能集事。要知今日在台灣，必須勵精圖治，奮勇向前，雖曰台灣為美麗之寶島，非以此為安居樂業之所，須反攻大陸，以求一勞永逸始可。因此，所生結果，一曰成功，二曰成仁。不成功，毋寧死，死即成仁也，古之志士有求之而不可得者。須知成仁則造出莊嚴華麗之國家、共享幸福。不成功，則拚一死，以殉吾黨之光輝主義，亦不失為殺身成仁之志士。統而言之，「決心」而已。是以痛下決心，則能發揚忠黨愛國之精神，光復中華民族之國家。所謂：「精誠所至，金石為開。」誠然！

總之，吾人深知烽火漫天，永無息止，國人應革除心中之賊，確信自立為立人之基，強心為強國之本，務須全國同胞，一致公忠體國，共信共行，親愛精誠，始終無間，則人人成為頂天立地之人，使中華民國成為富強康樂之國。

李殿魁教授批：理則周密

三、自述

余蕭其姓欽其名星禧乃其字也。現年四十有九，祖籍湖北陽新，家住縣屬永興鄉阮家畈。吾縣位於長江中游之南岸，毗鄰大冶、咸寧、通山及江西省之武陵等縣，民情淳樸，物產豐富。祖父香室公生吾父昆仲四，父名唐遂字安行，務農為業，兼理鄉情。母梅氏，克勤克儉，和鄰睦族，賢聲傳之鄉里。雙親出余姊弟四，姊適楊、二位弟弟早殀，致余為獨生子，父母雖寵愛有加，而庭訓極嚴，家中人簡，堪稱小康。

余八歲即入私塾，啟蒙首一年即能識千字，長輩均期許之。十二歲考入初中，在學期間考試常列前茅。初中結業再升省立二高，抗戰勝利後一年始行畢業。

卅五年秋，入伍憲兵、於蚌埠、徐州接受嚴格之軍事訓練教育，經八月閱期滿，分派社會服行勤務，成為軍師民保之憲兵。嗣參加兗州保衛戰，擔任城內之治安肅奸及陣地監察等工作，宵肝勤勞、不眠不休，廿四小時均在槍林彈雨中奮鬥。持戰四十餘天，卒以孤城後援不繼，直與敵軍進行巷街苦戰兩晝夜，始突圍至徐州。長官以余在戰役中表現良好，擢升下士。是年冬徐蚌會戰繼起，我團配合華中剿總即轉戰永城，亦經四十餘天，余仍負責各項肅諜與支援前線之監護工作，在冰天雪地中，氣候更惡劣，戰事愈艱難，我將士依然堅苦奮發，以降落傘為帳篷，個個枕戈待戰；儘饑寒缺食，人人奮戰守營。祇因連天飛雪，斷絕空援，遂棄守轉進。卅八年夏，於湘衡整補後即西進芷江、昆明，以保衛大西南，詎知盧漢投敵，雖經國軍及憲兵聯合圍剿，終因大勢已去，孤軍不能久戰，空運我團至海南島，繼乘裕東輪來台，此值四十年春季也。

余來台後入憲幹班受士官訓練，且由中士升上士，服務於基隆、高雄、台南、台中及台北等城市，工作努力，長官賞識。四十五年秋入憲校專修班五期受軍官養成教育，結業後升准尉任副排長。旋奉命在新南營區訓練新兵。四十七年率新兵至金門服行戰地勤務。參加台海八二三砲戰，同獲勝利光榮。猶記慶祝元旦撰聯云：「八二三戰役，狂敵已摧，且看堅強大軍，起舞金門歌旦旦；四百兆同胞，倒懸在解，再創勝利一合，中興華夏拯元元。」其士氣高昂可知矣。四十八年回台灣，先後駐台南、高雄、台北以至花蓮、陽明山、大溪等地，仍服行地區憲兵勤務。五十四年配屬陸軍第九師，此時已由少中尉升上尉矣。是年冬調憲部擔任參謀，辦理勤務、訓練及人事等工作。五十八年調連長升少校，連續在日月潭、梨山、花蓮、大溪各地擔任憲兵特別警衛重大勤務，均完成使命。

五十六年參加特考乙種人事行政人員及格，取得文官任用資格。六十一年一月奉命外職停役，轉調總統府任薦任科員，辦理檔案工作。六十五年一月，復調監察院薦任編審，負責各項文稿撰擬及校對責任。

余性雖沉默，忠於職守，故在軍中嘗獲弼亮甲種獎章及忠勤勳章等獎勵多種。並多次獲得論文及書法比賽優勝獎狀之榮譽。

余雖遲遲於六十年夏與越僑黃靜儀小姐結婚，至今擁有二女一男，天真活潑，足以自慰也。現寄跡永和，寓居四樓，並名曰「一枝樓」。撰聯云：一笑喜登樓，騁懷不盡風光美；枝棲思去國，寄跡彌增賓主觀。」可見吾人去國思鄉之情懷也。又闢書室命名：「容止齋」，亦撰聯一則：「容人自得，歷久彌光，稽古聖賢猶退省；止境雖無，集思廣益，放懷天地盡文章。」此我對讀書進德又一意趣也。

李殿魁教授批：文暢情達

四、夜讀記

蕭子入夜讀書，聞有聲自東南方來者，默然而聽之，曰：異哉！初淅瀝以凜冽，忽輕柔而咿嗶，如波浪夜驚，似管絃樂至。聞其聲也，如絲如竹，嫋嫋有情，度其狀也，若雨若風，淒淒欲泣；予謂小女，汝出視之，小女曰：銀河皎潔，明月在天，四處寂然，聲自東閣內，予曰：噫嘻，善哉？此讀書聲也，胡為乎來哉？

夫讀書之學期也，秋季始業已終，春季始業未到，正值寒假之時，初夜憩息之際，或全家團聚，歡樂一堂；或收視歌劇，悅目清心。予將信將疑，束裝出外視之，果然聞見朗誦之音傳出，首為嘹喨之聲，饒有清新韻律；繼轉咿唔之語，深含哀怨愁腸。是以時幽時促，或抑或揚，傳來錚錚嘈嘈雜聲，忽而勢如追敵之兵騎，騰驤疾走，而氣壯山河。忽而渾雄促歇，若萬里長空，水天一色，草木不見其動搖，水波未觀其蕩漾，聞之無聲，望之無物，似乎整個宇宙間窒息然！俄而，潺潺咽絲之聲漸起，如在哀傷，如在低訴；衹是孤燈伴讀而已！

予不堪其呻吟苦讀，趨步前往叩門，經過千呼萬喚，始出相見，並手攜書本半掩其面，自言原為京都之女，家在莫愁湖畔住，十二入初中，卒業後，以家鄉淪陷，歷經萬水千山，嚐盡艱難苦楚，隨政府播遷來台。詎知家庭遭受變故，乃與母相依為命。並扶養弟妹等為生活而奮鬥。衹以放棄學業。年復一年，生計漸漸固有改善，成年嫁作軍人婦，軍人性粗薪薄，倖能刻苦忠勤，聊免呼庚癸而已！苦志貞元，終須不負所望。現兒女年長在學，家亦安定小康，自感科學昌明，時代突飛猛進，不讀書思想自必落伍，不研究潮流必予淘汰，故參加空中行專教學。又鑒於期末考試在即，勤溫所學之課程，且望鰲頭之獨占。

我聞之不禁喟然歎曰：汝我皆為天涯淪落人，同科今又同相識。我亦行專在讀之老生，自少出外就學，由於赤禍作亂。遂投筆從戎。至若參加兗州及徐州戰役，以及綏靖西南諸省等，食不裹腹，衣不暖身，積雪斷糧，饑寒交迫。未獲稍安，遑論研讀自修之機乎，當斯苦寒，天假頑敵，憑陵銳氣，以相屠戮，屍填淮海之岸，血滿永城之窟，無貴無賤，同為枯骨，可勝言哉！

顧我對言站立良久。坐而重讀六國論，秦晉殽之戰及琵琶行各篇一過，感於世局遭逆流之衝擊，歌女不知亡國恨與商賈之沉溺於紙醉金迷之中，可嘆也夫！此何時也，已是五更報曉，夜盡燈殘，待返家中。但見小女蒙頭而睡。

李殿魁教授批：饒富趣味

五、新歲新氣象

今天是中華民國開國紀念日，也是六十七年的新年元旦，又有三天假期，所以在革命基地的每一角落，都洋溢著新年的歡樂，鼓舞歡騰的新興氣象。在我國數千年的歷史中，這是不可多得的太平盛世。須知此一太平盛世，並非上帝的賜與，而是我們先烈的血、前賢的汗，以及全國同胞共同一致的努力創造出來的。現在分別說明之。

首先談談民間生活問題：應記得在日據時期，我們的生活是如何艱困，尤其在二次大戰期間，由於日軍的搜刮壓榨，很多人連吃米飯都成問題，其他不必說了。戰後台灣回歸祖國懷抱，經濟仍然是很落後，生活仍然是困乏，經過政府卅餘年的苦心經營，尤其是政府遷台後，集全國力量和人才，致力於各方面改善，才造成今日進步繁榮的新氣象。

其次談談經建等問題：台灣在政府推行革命的政策下，土地改革方面，由實行三七五減租、耕者有其田，以至於全面實施平均地權。經濟建設方面，由改善農田水利，增加糧食生產，進而鼓勵國內外投資，推行工業化的建設，發展基本工業與資本技術密集工業。文化教育方面，學校教育不斷充實發展，國民教育由六年延長為九年，同時推行十二年科學發展計畫，提高國家的科技水準。社會安全方面：不斷擴大加強社會福利措施，舉辦各種社會保險，照顧低收入者的生活。此政府的正確決策與貫徹政策的決心，激發了全民的希望與活力，造成今日日新月異的新氣象。

再又談談社會安全問題：革命基地之所以保持安定，由於我們擁有強大的國防武力，保衛了固若金湯的安全。三十八年共軍進犯金門，被英勇的國軍予以殲滅殆盡，才繼持革命基地十餘年，使我們獲得建設的時間與環境，後來看到我們日益強大起來，又萌生「血洗台灣」的幻想，發動最慘烈的八二三炮戰，結果粉碎了它的幻想，使我們又獲得十餘年的安定，致力於國家建設，造成今日革命基地安定欣榮的新氣象。

總之，革命基地有了今年的新氣象，端賴於有一個革命的和有為的領導中心，使全民的意志與力量，在這個領導中心之下集中起來，團結起來，形成一股無比強大的精神力量，推動各方面的進步。因此，我們要持續不斷的進步，使之發揚光大，必須鞏固和強化國家的領導中心，培養和激發民族的精神力量，精誠團結，奮勵自強，以防敵人的分化。必要確切了解革命領導中心，乃是精神力量的源泉，而精神力量則是經濟力量與軍事力量的乘積，精神力量愈大，經濟與軍事力量的增進愈快。反之，即隨之衰退。要知道國家的命運，全掌握在我們自己的手中，只要自己堅忍不拔，奮鬥不懈，無論國際關係發生如何變化，國家的前途將仍是一片光明。正如新來的今歲，展露一片新氣象。

李殿魁教授批：語意貫串，文辭精簡

六、新國運新展望

昔勾踐欲雪會稽之讐，十年生聚，十年教訓，卒一舉而沼吳；管仲欲制霸業於齊，積財富國，九合諸侯、終一匡而成功，所以在歷史上看，未有不是領導者之英明堅定順應天人，而能達成其復國建國之重責大任者。須知姑無論革命環境之如何險惡，只要有英明堅定之領導，團結奮鬥之國民，就必能化險為夷，由弱而強、轉敗為勝。觀夫國民革命初期，有　國父之領導，故能推翻滿清，建立民國。嗣有總統　蔣公之繼起，誓師北伐，全國統一，再打倒日寇，勝利復員，以至內亂，國際環伺之下，更堅定決策，建立台灣基地，此正充分說明，國家領導中心之鞏固，乃意志集中，力量集中之象徵。

我國首因遭國際姑息主義之逆流，被迫退出聯合國，繼逢總統　蔣公崩殂，境惡國喪、陷於不利之低潮。幸我全國軍民處變不驚，莊敬自強，痛心忍性，擦乾眼淚，化悲憤為力量，集全力來建設。尤以　蔣院長經國先生，一心勤政愛民，六年未嘗稍懈，遂而經濟穩固，社會繁榮。十大建設，逐步接近完成；工商各業，紛向國際發展。加之謝主席配合中央政策。貫徹施行，探求民隱，推行小康計劃，消滅貧窮；提倡客廳即工廠，充裕民生，自此社會日近安康，民富國強矣。

今(67)年三月廿五日與廿六日，我中華民國第六任總統和副總統由國民大會揭曉選舉結果，蔣經國先生和謝東閔先生分別當選，喜訊傳來，全國同胞，歡欣鼓舞，而同申慶祝，深獲領導有人；海外僑胞及敵後袍澤，亦同欣擁戴赤忱；即全世界愛好民主自由人士，皆大為推崇，紛紛來電致賀。似此國民大會全體代表迎合國家與人民之真正需要，寫下最珍貴之紀錄，達成歷史性之使命，為中華民族開拓了新機運，也為全國人民帶來了新展望。

一位真正賢能之領導者，其主持國家大計，則高瞻遠矚，推行重大建設，則實事求是；肆應國際變局，則成竹在胸；探求人民疾苦，則深入基層，惟蔣經國先生足當之無愧也。溯自組閣六年於茲，無我無私，宵肝勤勞，一切施政、咸以國家利益為重，以民眾利益為先，其行跡遍及臺澎金馬每一村落和每一前哨，用能深得民心，振奮士氣。

再則，最難能可貴者，為蔣經國先生親聆總統　蔣公之庭訓，恪遵　國父遺教之垂示，閱四十餘年，領悟極深，力行不輟，不僅對治國有無比堅強之信心，更有無比堅強之毅力。每愈經考驗愈見剛強，愈受衝擊愈加奮發，有報國抒忠之志節，有犧牲奉獻之赤忱，深信以此有毅力敢擔當之領導者，必能組織強有力、大有為之政府，也正是我全國軍民所期望之新政府。

總之，我們之國運雖轉換新機，我們之前途雖充滿光明，但仍有許多艱難險阻需要克服，必須在大有為新政府領導之下，凝萬眾意志為一心，集全民力量為一體，精求國力更充實，力求建設再進步，以創造中華民國再統一之新局面，才不辜負總統　蔣公「光復大陸國土」之遺訓。

李殿魁教授批：行文流暢，說理簡切。

七、我的人生觀

余生長於貧困的家，憂患的國，烽煙瀰漫的世界裏。所受學業半途而廢，所受軍事訓練，確是謹嚴紀律，而所受黨國薰陶，惟一信仰三民主義。是以滿腦子裏皆為　領袖、主義、國家、責任、榮譽、遂產生了我的人生就是堅強、奮鬥、刻苦、創造、服務的觀念。

一、**堅強**　人生必須堅強，因為堅強才能自強，自強而後可以自立。自強自立，全靠意志堅、毅力堅，有了堅忍的毅力和堅定的意志，自會前途光明，成功在握。反之，只有那些自甘墮落的人，其意志薄弱，其毅力短暫，終日在人生中迷惘，而忍受失敗、頹唐的痛苦，永遠不能自拔。記得有一枝小花生長在高大橡樹蔭下，自以為非常寶貴所享受的安靜。一日樵夫將橡樹砍倒，小花失去蔭庇，患得患失，怕遭烈日晒枯，無法生存，故而痛哭傷心！小花天使鼓勵說：「失去橡樹，太陽會照耀你，甘霖會滋潤你，一定比以前長得更結實可愛。」後來小花美麗的花瓣，果然歡笑於日光之下。可見沒有堅強的人生，又如何燦開美麗的成果？

二、奮鬥 吾人在這充滿鷹瞵虎視，強凌弱，眾暴寡的世界裏，在那滿是牛鬼蛇神，虺蜴為心，豺狼成性的人群中；要想頂天立地、成大功、立大業，要想繼往開來，光門宇、綿子孫，惟有奮鬥。要想披斬荊棘，開拓錦繡，要想排除邪惡，消滅暴政，亦惟有奮鬥，所以徬徨是等待滅亡，悲觀是慢性毀損，而頹喪則是加速宰殺。所謂「天下無難事，只怕有心人。」這正告訴我們人生奮鬥，要有不怕困難的勇氣。再想想「愚公移山，」「精衛填海」的故事，更啟發我們要有奮鬥不懈的精神。

三、刻苦 孟子說：「天將降大任於斯人也，必先苦其心志，勞其筋骨，餓其體膚，空乏其身，行拂亂其所為；所以動心忍性，增益其所不能。」在這簡短的幾句中，道盡了人生刻苦的功用。一個人能夠刻苦，除了事業成功，名聲顯揚外，更可以臨財不苟，守身如玉，受命臨危，冒險犯難。昔勾踐臥薪嘗膽，而後十年生聚、十年教訓，終於雪恥復國，苦盡甘來。蘇武被放逐北海道，牧羊十八年，歷盡苦寒，卒釋回國，苦節貞元，流光百世。孟母三遷，斷機課子，而孟子卒成一代亞聖，此母教之苦節，光耀千古。匡衡鑿壁偷光，苦讀詩書，卒一品當朝為丞相。近代王陽明終日苦心格竹，創「知行合一」學說，裨益人類社會匪淺。以上諸明君、賢相、節婦、大儒，咸從刻苦中而成名。

四、創造　國父說：「青年創造時代，時代考驗青年。」又俗言：「英雄造時勢，時勢造英雄。」這就是說我們應接受人生的挑戰，要去夢想，要去創造，要考驗失敗，更要獵求成功。寧願領略創業困難的激勵冒險，不願享受蓬萊樂土的安逸生存。尤以國步艱困之際，一切目標對準敵人，一切行動投入反攻，以開拓自己創造的時勢，以享受自己光復的失土，重整自己的家園，才有意義和價值。否則，作一個平庸的人，終其身庸庸碌碌，無聲無臭，不過為人類之寄生蟲而已！卒被社會所淘汰。是以要人生富於生機，惟有創造。

五、服務　國父說：「人生以服務為目的。」這就是告訴我們要為社會造福，要為人群服務。故平常人要服多數人之務，聰明人要服千萬人之務，而大智聖賢要服社會人類之務。似此，上下相親，彼此互助，則人群為團結的人群，人生為進化的人生，而社會更為欣欣向榮的社會。所謂：「助人為快樂之本。」誠不謬矣。

總之，個人在社會上，具有堅強的意志，奮鬥的精神，刻苦的節操，創造的契機和服務的樂觀諸條件，則其人生永遠是幸福的、成功的、樂觀的。我個人如是，、擴而充之，相信團體、國家亦然。願與全體國人砥礪勗勉。

李殿魁教授批：立意甚佳、辭亦明暢

八、初　夏

夏不像春的嬌嬈柔弱，秋的肅殺凌厲，冬的沉寂無聲，它是那麼結實，那麼茁壯，那麼成熟與火熱。在夏的節候裡，仲夏的線條太粗，炎夏的個性太猛烈，陣陣暑氣逼人，望而生畏！唯初夏的風姿綽約、楚楚可憐！於人於物都有足為可愛可感之風範。

初夏之於農村的人們是一個很忙碌的季節，千家詩云：「鄉村四月閒人少，纔了蠶桑又插田。」談到插田，真是農家忙而樂的時刻，記得故鄉插田，除僱了工人專事插秧工作之外，還要請一位能歌善鼓的人，擊鼓唱歌助興，使插秧的人們合鼓聲節拍，興趣高昂，動作快速，以五畝之家，就可一二日完成插秧播種工作，而千古流傳的「農家樂」故事正此，未知今日大陸的農家們，樂乎！不樂乎！

然而初夏之書生、少女們，又是多麼幽閒妙趣的時光，所謂：「夏賞綠荷池。」一到了夏天，少女們就划著小船到池塘中採折荷花、蓮蓬及菱角等，且採且歌，享受著荷淨風輕的情調。書生們則喜到池畔賞荷吟詩作樂。記得我在縣城讀書時，與二三同學在滄浪池畔觀蓮，詩興大發，寫了「采蓮曲」十首，現就記憶所及錄數首如次：

詩云：小姑愛花白，大姑愛花紅，持與蕩子看，箇儂顏色工。（一）

朝共鴛鴦起，暮共鴛鴦宿，鴛鴦自鴛鴦，不解儂心曲。（二）

採蓮復採蓮，蓮葉何田田，採蓮莫採葉，留蓋鴛鴦眠。（三）

采蓮莫采菱，菱角尖易觸，采蓮莫采藕，藕絲斷難續。（四）

燦燦蓮花紅，田田蓮葉綠，打起雙鴛鴦，妒它交頸宿。（五）

還有那魚游荷上下，戲葉戲花，何等自由？何等自在？可謂別具風采。觸目田連阡陌，一望平疇，綠幽幽的泱泱然無際，壯闊心胸，好不令人開朗！四野秧針刺水，麥浪翻雲。左右蛙鼓奏鳴，鶯梭織唱，農夫們安安心心地為新的收穫，寄託著滿懷的愉悅。

觀初夏的溪流、泳池、海濱，已充滿了活活潑潑的生氣，不知名之大魚小魚，早已躍躍欲試，想在這美麗時光下，盡情歡樂。鴨兒、鵝兒、牛兒不再等待春雨，可以盡情在溪流中過一個幽閒長天。遊客及兒童們，也同樣不再怯餒春寒，在那泳池中從心所欲，施展著各種游泳姿勢和動工表演。更有遊客亦遠離市囂，與那一望無際的海濱，或潛游海底，或挾板衝浪，這又是多麼勇猛與刺激。

觀於夏的山林，層峰疊翠，草木扶疏，鳥兒欣喜有托，或飛向自由青天，和白雲相依，或飛向遼闊海洋，和海浪共舞。它們用豐盛的翅膀，揮動著怡樂的動作，用嘹喨的歌喉歌唱著美麗的初夏。還有花兒也不再是嬌嬌嫩嫩的了，像是亭亭玉立的少女，更像是一枝枝令人陶醉於心中的伴侶，令人心曠神怡的可愛者。

總之，初夏是完美無缺的。且看初夏的早晨，公園裡呈現一清新的空氣，片片的綠葉、朵朵的花兒，莫不是詩情畫意的靈感。且看初夏的中午，可靜靜地徜徉在樹蔭下、荷塘邊，讓那樹枝花葉引來薰風陶醉。更有初夏的夜晚，天上星星的低語，田中螢光的閃灼，忙煞孩童們的追逐遊樂，無一不是初夏的生機，無一不是初夏的美景。

唉！初夏的美可愛極了。

李殿魁教授批：作意尚佳，文字尚錘鍊

九、節譯國父百年誕辰紀念文第一段為語體文

國父誕生，上距孔子之生焉二千四百一十有六年。 國父之所志，則以繼承堯、舜、禹、湯、文、武、周公、孔子，聖聖相傳之道統為己任。中正少讀孔孟之書，曰：「大道之行也，與三代之英，丘未之逮也，而有志焉。」既冠，參與革命，獲侍 國父，羹牆步趨，幸而逮之。今距 國父之生，忽忽遂已百年， 國父祖述湯、武，弔民伐罪，順天應人，所倡導之國民革命，雖然屢蹶屢起，未能及身告成；顧三民主義一心物，合知行，通天人，贊化育，明德至善，光輝日新。大道之行也，舉天下之人，莫不景從攀慕，而偃然嚮風。

語譯：

國父孫中山先生的降生，上離孔夫子的出世啊！計二千四百一十又六年。 國父的

志向，乃以繼承堯帝、舜帝、禹王、湯王、文王、武王、周公及孔子等，聖人與聖人遞相傳授下來的文化統緒，作為自己的責任。

蔣公中正幼年閱讀孔夫子所著的詩書時，記得書中說道：「優良的政治在實行時，而與夏、商、周三個朝代的英明君主執政情形，孔丘自己也是不能趕上的、不能看到的，這些在古籍史書中已有明白的記載。」到了成年以後，從事了同盟會的革命工作，獲得追隨 國父，忠誠仰慕的效法孫中山先生的偉大精神，幸望達成預期的目標。今日距離 國父的生辰，轉瞬不覺已有一百年了。 國父孫中山先生遠宗湯王和武王所傳述的大道，撫慰遭受殘暴而生活痛苦的民眾，去討伐罪惡一身的暴虐君王，遵循天理，應合人心，所提倡領導的國民革命事業，雖然每次失敗了，每次又隨之興起，可惜不能在有生之年而達到革命成功的目的；故三民主義，乃是精神與物質合為一體的，能知與力行合而為一的，贊助天地的，作育萬物的，也闡揚至德，做到盡善盡美的，日新又新的，更加光輝燦爛。當三民主義發揚光大時，所有全世界的人們，沒有不追隨的、不仰慕的，也沒有不聞風訊而齊來響應的哩。

十、翻譯大學二段文為語體

(一) 原　文

知止而後有定，定而後能靜，靜而後能安，安而後能慮，慮而後能得。

語譯

知道站住不變的道理，然後立志纔有定向，立志有了定向，然後才心不妄動，心不妄動，然後處之則安，處之既安，然後思慮才能精詳，思慮有了精詳，然後纔能得到真理。

(二) 原　文

自天子以至於庶人，壹是皆以修身為本。其本亂而末治者否矣；其所厚者薄，而其所薄者厚，未之有也。

語譯

自國家元首一直到平民，一切都要以修身為根本。如果不能修持身心，根本敗亂，而反說國家還能治平的，那絕對不可能的！因此待與其關係切近的自己國家看的不重要。而卻待與其關係不切近的其他國家看的重要，那從來沒有這種道理的。

十一、止於至善

止者何？必至而不遷之意。至善者何？則為事理當然之極也。所謂止於至善，乃言「明德」、「新民」，皆當止於至善之地而不遷，蓋必其有以盡夫天理之極，而無人欲之私也。

對於做人言，不但要有所止，而且要知其止，決不能善惡不分，左右兩可，無所適從之意。蔣總統在科學的學庸中說：止於至善即為「擇善固執，止其所止」之意。也就是說我們一個人修己治人，皆應當向理想的最高處不斷邁進，底於至善至美之境。而毫無欠缺的地步，才算心安。

對於處事言，要做到於理已無所不窮，於事已無所不盡，萬物皆為我所用，雖千古而不易其道，倘把握此一至之點，信守不移，再不馳騁妄想，見意思遷，則事半而功倍矣。例如擬訂一計畫，經過縝密思考，精詳策劃，到了至善至中，完備無缺的時候，便不要再予改變，就是要信其所止，貫徹到底，下定決心，勇邁執行。似此明決果行，必底於成也。

對於為學言，須語無泛涉，理必求真，學必求精，止必底於精微。善須求其真知，此言為學之本體也，總統　蔣公在科學的學庸中另一解釋說：止於至善即為「精益求精，以求至乎其極」之意。也就是要求我們求得高深的學問，還要不斷精研，以臻於至化之境，學而溶化，則明理達道，以身殉之可也。觀夫孫總理之「知難行易」。王陽明之「知行合一」為學也，大之則經論邦邑，徵明效於歸仁；小之則陶冶身心，驗聖功於養正，已達至化之境。

總之，空專大多數同學均為公務員兼學生二重身分，其作人也，和藹可親，樂觀奮發，盡於人意。其治事也，宜於循序漸進，事底於成。至精至一。其為學也，尤應不憚事繁時促，勤求真知，恆毅以赴，方為止於至善之境界也。

于大成教授批：層層推進、頗切題意

十二、翻譯潮州韓文公廟碑首段

原文：

匹夫而為百世師，一言而為天下法，是皆有以參天地之化，關盛衰之運；其生也有自來，其逝也有所為。故申、呂自嶽降，傳說為列星，古今所傳，不可誣也。

語譯體：

語譯：

一個平常的人能夠做到百代的師表，一句話能夠成為天下的法則，這都有足以參贊天地間化育的工作，關係著國家盛衰的機運；這種了不起的人在世上其生出必有所來意，其逝世必有所原因。所以申伯、呂侯都是從嶽神降世的。傳說死後成為列星，自古到今的傳說，不是隨便可以揑造的。

十三、試以語體文詳譯「忠犯人主之怒」之經過

此句意指韓愈忠諫唐憲宗迎接佛骨遭致被貶潮州刺史事件。唐代憲宗元和十四年（西元八二〇年）正月間，當時韓退之做刑部侍郎之官職，憲宗皇帝派遣使臣往鳳翔仰接佛骨進入皇宮，三日，乃送進佛祠，隨著那些王公貴族和智識公子奔相前往禮敬合掌而拜，並頌經念佛，甚至遵夷秩禮，燒灼體膚，將珍寶抛棄，散亂著延路。退之聽了這種情形，甚為懊惱！即呈上表奏諫請憲宗說：「佛原本夷狄的人，跟中國的言語不通，衣服式樣作法奇異，其口不會說先王的法統言語，其身不是穿先王的傳統服飾，又不懂中國天子與人臣的禮義，父親與兒子的情分。……況它的身軀死亡已久，這樣枯朽的骨頭，凶惡污穢，不祥有餘，不可拿入皇宮禁地裡，……求皇上將這些枯骨拿去燒燬，丟入水中，永久除掉它的根本，斷全國人的疑惑，以根絕前代的禍患。」等到奏上了朝廷，憲宗閱

後大為憤怒，即將韓愈處以死罪，幸賴中書侍郎裴中立（度字）、崔敦詩（群子）等鼎力替他說情，才免除了一死，當月十四日，韓愈遂被降為廣東潮州刺史的官職了。蘇軾說：「忠犯人主之怒」，這句話真是對極了。

十四、試以語體文詳譯「勇奪三軍之帥」之經過

此句意指韓愈奉唐穆宗詔令，不畏艱險，逕往鎮州降服叛將王廷湊歸順，完成使命之大勇事蹟。

唐朝穆宗長慶元年（西元八二一年），正當河北鎮州動亂的時候，皇上派田弘正為鎮州節度使，田弘正以鎮州動亂，隻身前往不安全，故率兵力二千履任新職，殊知崔倰等斥田，以鎮州原有兵馬駐衛，不應另帶兵來這裡，徒增人民負擔的痛苦，田遂命兵馬回京。王廷湊即乘時將田弘正殺死，竊位自立，並進軍攻深州牛元翼，且迫監軍宋惟澄上表朝廷，詔令其官位。過了兩年，穆宗皇帝詔令韓愈前往宣慰，眾心皆以退之這次任務非常危險、中書門下省平章事元微之（稹字）上奏書說：「韓愈可惜」！穆宗皇帝也懊悔了，故即下令韓愈告示順著當時情況演變去權宜處理，但退之以為：「命我適可而

止，乃是皇上的愛心；我若盡忠死了，乃為人臣的義氣？那有接受皇上的命令而自顧危險停留不去的道理」韓愈毫不考慮，即刻起程，很快的逕達鎮州地方，當時見兵士戒備森嚴，峙立城門，威脅韓使，而韓愈毫不畏懼，不慌不忙有條有理底與兵士們說：「昔安史叛亂，均無後人。」兵士即將引進，並斥責叛將王廷湊擁兵自立，且攻打深州，目無王法，曉以大義，王聞之自慚理屈，遂降服之。由此看來，退之的深入險境，可說不辱皇上的差遣，委實具有大智大勇。論語：「三軍可奪帥也。」正此之謂。

十五、譯「韓文公廟碑詩」為語體詩

一、原詩（韓文公廟碑詩）

公昔騎龍白雲鄉，
手扶雲漢分天章。
天孫爲織雲錦裳，
飄然乘風來帝旁。
下與濁世掃粃糠，
西遊咸池略扶桑。

二、譯詩

韓文公在未降生以前
騎著龍在仙鄉
他親手挑開了銀河上無數星斗
寫下了華采的大塊文章
那好心的織女，爲
他織成錦繡的衣裳
他飄飄然乘著長風
來到天帝的身旁

草木衣被昭回光，
追逐李杜參翱翔。
汗流籍湜走且僵，
滅沒倒景不可望。

他降來人間塵世
　掃除了陳言浮辭
　文起八代之荒
他曾西遊過咸池
也東巡過扶桑

× × ×

他的德業高峻
　惠澤人民
　道濟天下之亡
好像
　草木蒙日月照育
　燦放光芒
他的詩詞雅逸
　足以上追李白杜甫無分高下

作書詆佛譏君王，
要觀南海窺衡湘，
歷舜九嶷弔英皇，
祝融先驅海若藏，
約束蛟鱷如驅羊。

且參與層霄，比翼翱翔
他的文章雄邁
祇害得張文昌皇甫湜奔隨在後
雖汗流仆地，皆不可望

× × ×

韓公上書
抨擊佛理
批評君王
他遊覽南海
觀賞那
南嶽衡山
湖南湘江
他更遊歷九嶷山
憑弔著

釣天無人帝悲傷，
謳吟下招遣巫陽。
爆牲雞卜羞我觴，

舜帝的陵墓，以及
湘夫人——女英
湘君——娥皇
還有
火神爲他前導
海神爲他躲藏
以至
約束蛟龍與鱷魚
好像
驅逐那些牛和羊

× × ×

中天缺少人
天帝感悲傷
因此，派遣了

於粲荔丹與蕉黃。
公不少留我涕滂，
翩然被髮下大荒。

唱著歌兒的巫陽
招回他的英魂歸上蒼
現在，讓我們獻上
爆牲、隻雞、酒漿，以及
燦爛的荔丹
香甜的蕉黃
韓公啊
您為何不少留一會兒
眞使我們眼淚汪汪
敬請
　您的神靈
快快來嘗